나는 나무처럼 살고 싶다

30년간 아픈 나무들을 돌봐 온 나무 의사 우종영이
나무에게 배운 단단한 삶의 지혜 35

우종영 지음

像樹那樣生活

改變韓國十萬讀者，
從樹木身上學到35項堅毅的人生智慧

禹鍾英——著
何汲——譯

I WANT
TO LIVE LIKE
trees

各界推薦

本書作者對樹木懷著一顆敬重的心，以充滿人性化的視角去解讀，能讓過去沒有時間和精力親近自然的你，開始懂得傾聽樹說細語。每棵樹木都是獨特的，在不同環境下有多變的反應，同時陪伴著聽懂樹木話語的有緣人，走過生命中的每個階段。它是樹，也是一把打開你心門的鑰匙。

——楊智凱（國立屏東科技大學森林系助理教授，《療癒之島》共同作者）

韓國各界名人與媒體好評

看著生病的樹而心疼不已，
治療病樹的他，是世界上最動人的樹醫師。

——金龍澤（韓國詩人，編纂詩集《或許星星會帶走你的悲傷》）

堂堂的身軀、開朗的笑容，
禹鍾英是宛如樹木般長時間緩慢成長，
最終價值連城的人。

——表正勳（韓國書評家）

從總是陪伴在身邊，卻讓人渾然不覺的樹木身上，
學習到的人生智慧。

——東亞日報

他和樹木融為一體，
比世界上任何人都活得「像樹一樣」。

——韓民族新聞

韓國讀者好評

讀一遍就會喜歡上樹木，讀兩遍將會愛上自己的人生，
而讀上三遍的話，則會珍惜地球上所有的人。

——讀者kelu77

不多亦不少，不自以為是或是嫉妒他人，
符合自我的樣貌而活、明智的樹木的驚人故事。
我也想活得像樹一樣。

——讀者han**1004

每年都會看一次的書。
也許未來這整本書都會被我劃滿底線。

——讀者gem-602

•

當發覺人生正在走向歧途之際，
我想仰望著樹木尋找解答。

——讀者clzugle

•

這本書成為我的人生之書。
樹醫師，謝謝您療癒了我的心。

——讀者thank.phs

•

讀這本書就像散步林間似的，讓人感到心情平靜。
推薦給需要閒暇時光，或是想要反思自己的人。

——讀者to girl

默默地陪伴在我身邊，安慰著我，
讀懂我心的文章。

——讀者 drmais lucy

●

每當悲傷、難過之際，
我就會待在圖書館裡，反覆地閱讀這本書。

——讀者 elpinogo

Prologue

我小時候一定是個問題兒童！雖然這可以歸咎於自由奔放的個性，但是別人不過只經歷一兩年的青春期，我卻在長大成人的過程中，一直愁腸百結。在被判定為色盲，放棄了唯一的夢想——天文學家之路後，更是如此。我學會抽菸喝酒，也是那時候的事情。但是，越是如此，我對世界的憤怒，就越是無止境地湧上心頭，不僅沒有消除，反而越積越多，就這麼虛度了許多時光。

過了二十歲，當完兵退伍之後，我去了一趟中東，然後結婚了。而且是在不顧妻子娘家的反對之下，強行結的婚。當時我二十七歲，沒有多大的本事，幾乎沒有什麼我能做的事。

不能把心愛的人帶回家，卻讓她挨餓吧！我用去中東賺來的錢，租了一塊地，開始務農。起初本想說，如果種下鮮為人知的樹木和鮮花來賣，就能賺到錢。然而，僅僅過了三年，就徹底搞砸了。雖然眼前的生路令人感到迷茫，但是最讓我悲慘的是，在世界這堵巨大的牆壁之前，變得無比淒涼的自己。因此，雖然說來有些不好意思，但當時我有生以來第一次淚流不止。

我茫然若失地花了好幾天的時間去攀登北漢山，某一天攻頂後，突然產生了想輕生的念頭。

「到目前為止，我什麼事都沒有做好。乾脆死掉算了。還活著幹什麼……」

那一瞬間，樹木突然映入我的眼簾。小時候，我在山上度過的時間比在學校多，如此看來，過去我的生活周遭，總是有樹木的蹤影。每當我疲憊的時候，樹木默默地安慰我，讓我對生活充滿希望，成為我生活的支柱。回想起過去和樹木一起的記憶，忽地，樹木彷彿對我說了這樣的話：

「我也還活著呀，你為什麼想要放棄寶貴的生命？」

在死亡的邊緣，樹木喚醒了我。只要生根發芽，樹木一輩子都不會離開那個位置，卻從不會抱怨或放棄，而是為了自己的生命，盡最大的努力。那一剎那，我對想要放棄生命的自己感到羞愧。我就這麼遇到了雖然一直在我身邊，但還沒來得及意識到它存在的樹木。

成為樹醫師

我定下心來，並且開始和妻子一起經營一個小花圃。雖然起初不過只有幾盆花，看起來似乎無法好好養活，也完全沒有賣樹給客人，但或許是因為愛惜樹木的心靈相通，客人不斷增加。就這樣，花圃站穩了腳步，我開始走遍全國各地，觀察和研究樹木。如此痴迷於樹木所花費的時間，長達數年之久，閒暇之餘，也以照顧一般住宅的庭院樹木作為消遣，偶然的機會下，開始幫忙照顧某大企業辦公大樓的樹木。正式成為一名樹醫師展開各種活動。

有一天，我喝醉了酒，走著夜路，看到了長在馬路樹墩上的懸鈴木（Platanus tree）。那個水泥樹墩該有多窄，讓原本應該埋在泥土中的樹根露出地面，因為忍受不了而疲憊的樹枝向下垂落著，甚至能觸及地面。

「現在再也不想活下去了。」

這些樹木受不了日益緶緊的水泥樹墩和人類所製造的公害，想要放棄寶貴的生命。我靜靜地靠在樹木上，那傷痛深切地傳達給了我。

我低下了頭。雖然現在才坦白承認，但是當時的我，還只是一個虛有其表的假的樹醫師。在種一棵樹的時候，先考慮人們喜歡的地方，而不是想著這棵樹能不能長得好；在修剪整枝的時候，先想著在人們眼中怎樣看起來才漂亮。在生病的樹木面前，我不是以樹木的角度來治療它，而是站在人的立場上，隨心所欲地來照顧樹木。

那天看到懸鈴木之後，我才恍然大悟。樹木是活著的生命體，是與人類共生的朋友，因此絕對不能隨意治療。於是，我的腦海中浮現某部電視劇裡，老醫生說過的話：

「天神太忙了，醫生是代替祂來人間出差的人，所以只有天神才能處理掌管人類的生命。」

如果說代替天神處理人類的生命是醫生的使命，那麼我的使命就是代替天神處理樹木的生命。對於離開了自然的懷抱，暴露在所有惡劣的條件之下、無法再活在神的祝福下的樹木，哪怕是微弱的，我也應該代替天神向它們伸出關懷之手，替鳥除蟲、替風剪枝、替雨澆水……從此之後，我放棄了所有內在的意識和想法，這才真正具備了「樹醫師」應有的職志。

從樹木中學習人生

飽受痛楚的樹木與日俱增。每當看到生病的樹木時，我都會撫摸樹幹說「加油，加油」，然而令人遺憾的是，樹木不知是否未能理解我的心意，總是橫倒路旁。每當看到未能走完天神賜予的生命全程，在半路便倒下的樹木時，我就感到非常心痛。在成為樹醫師之前，給了我新生的勇氣，讓我重新展開新生活的，不就是樹木嗎？據說，有些人在天橋下學習人生，有些人在稚子身上學習人生。從這層意義上來說，我是從樹木身上學到了人生。

從一到冬天就拋棄所擁有的一切，用光禿禿的樹幹堅持下去的超然感；從不管有多累，每年都要開花結果的一貫性；從接受一輩子必須活在同一個地點，這種無辜宿命的毅然感；以及從想要和這片土地的所有生命體一起生活的決心中，我學到了自己真正應該理解的人生價值。我未曾施予樹木什麼幫助，只是一味接受它們的教導，真是不該。但是，身為一名樹醫師，在照顧樹木之際，我再次從樹木身上，學習到了人生的意義。

我期待

難道是因為與樹木共度的歲月久遠嗎？不知從何時開始，我成了只會跟周圍的人談論樹木的人。雖然也有笨口拙舌的原因，但除了樹木以外，我實際上沒有什麼可說的話。不過，幾乎沒有人有耐心聽我說話。因為對於他們來說，樹木的話題總是枯燥乏味又無關緊要，曾經有個朋友便忍不住地說我真是閒話連篇，指責了我一番。

但是一如我老婆所言，我是個相當執著的人。為了向大家炫耀我最親密的大樹朋友，最終還是寫下了這本書。這是由於對我來說，樹木肯定有很多值得學習的地方。而且我確信，這就是我們雖已遺忘，但絕對不能失去的珍貴的人生價值。

我更加企盼的是，透過這本書能讓一直對樹木冷眼旁觀的人，給予樹木一些小小的關愛眼神。希望跟樹木成為朋友的人越來越多，那麼，樹木就能夠不再痛苦，與我們一起幸福地生活。

如此一來，我是不是可以稍微少些虧欠呢？我是指自己對樹木這輩子都還不夠的心理債啊！

——禹鍾英

首版推薦序

我年幼的時候，人們周遭環境總會有樹木存在。這些樹木給我們涼薄的生命，帶來了小小的慰藉。那些在盛夏蒸籠般的高溫下，於巨大的丁香樹下乘涼的回憶，還有每天仰望著院子前的棗樹，期待著何時結果的心情，至今記憶猶新。

仔細想想，樹木不就是我們人生中小小的休息場所嗎？在疲憊痛苦之際，可以靠著樹幹哭泣，也可以躺在樹上，讓委頓的身心喘口氣。樹木就是這樣的歇息之地。

然而隨著山林被砍伐，城市在上面錯落而成，不知從何時開始，我們忘記了曾經給予我們生命餘韻的樹木。

我認為這本書可以成為我們暫時停止這種生活的休憩之所。此外，當我們與周遭的樹木成為朋友，透過觀察樹木存活下去的樣態，也可以獲得生命的智慧。

我企盼著看了本書的讀者們，能夠開啟嶄新的心門來看看窗外無意間經過的樹木，就像再次見到失聯已久的朋友一樣，感到無比的喜悅。我想對讓我們享受這種喜悅的禹鍾英先生致上謝忱。

——紅衣主教　金壽煥

※註：南韓首位樞機主教，被稱為南韓人權與民主守護者，已於二〇〇九年去世。

銷售10萬冊紀念版序

當從出版社那裡得知《像樹那樣生活》的銷量超過十萬冊時，我大吃一驚。從二〇〇一年發行初版以來，已經過了二十年，但是至今仍然有人繼續在閱讀這本書，這讓我感到十分驚奇，也充滿了感謝。

但是另一方面，我的心情也是百味雜陳。因為突然想起了與已經離世的金壽煥樞機主教的約定。我接受了他的推薦文，承諾要努力做一個好的樹醫師。但是不論怎麼想，即使我遵守了約定，但更多的時候卻感到羞愧，心情因而變得沉重起來。

儘管如此，經過苦思之後，決定重新出版十萬冊紀念版，都是多虧了讀者們所留下的無數則留言。包括平時對樹木毫無認知，以這本書為契機對樹木產生了興趣的留言；為了漂亮的室內裝潢，購買了裝飾用的植物，看了本書之後，而自我反省的留言；從樹木身上學習到很多的留言……在出版這本書的過程中，我曾希望人們對樹木產生興趣，傾聽自然的聲音，以地球上的生命共同體來接受樹木，幸虧讀者們能夠理解這種心情，真是令人開懷。因為至少對於他們來說，樹木已經不再是沒用、麻煩、不如砍掉的對象了。

不知從何時開始，樹木漸漸遠離了我們的生活。最近週末要到公園或郊外才能看到樹木。或許這是理所當然的事情，因為如今連要掙一口飯吃，每天好好活下去都非易事。有些人會問說，哪有什麼閒功夫來觀察樹木呢？但是，如果真的覺得生活艱難，建議你就算當成被我騙一次，也去看看樹木吧！樹木肯定能安慰你疲憊的心靈。

我當了三十年的樹醫師，但是得之於樹木者，遠超過我所付出的一切。因此，謹以此書獻給總是給予我無限慰藉的樹木。

二〇二一年二月　禹鍾英

Contents

1 某一天，樹木來到我身邊

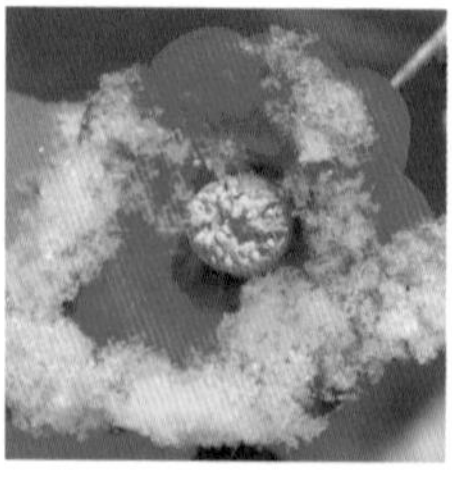

·2·

樹木教會我的事

·3·

我想要像樹那樣生活

Chapter 1

某一天，
樹木
來到我身邊

某一天，
突然有個東西映入眼簾。
那是一棵樹。
樹木對我說，
我總是站在這個位置，
只是你沒有發現而已。

從活了三千年的樹木學到的事

——東北紅豆杉（Taxus cuspidata）

活千年、死千年、腐爛千年，加起來能延續三千年的東北紅豆杉。連名字也隱含著「紅色」一詞，又被稱為「朱木」，它的枝幹到底有多紅呢？

我想起某一年冬天，在長白山上見到暗紅色的東北紅豆杉的情景。或許是因為生長在海拔一千公尺的深谷中，從它筆直地伸展的樹枝上所感受到的歲月之光，並不僅僅是單純的年代久遠，而是戰勝了嚴酷的歲月、忍受了漫長痛苦而來的產物。隨著季節的更迭，日益加深的紅褐色樹枝的顏色，和原本筆直的形狀調和在一起，成為任何畫家和雕塑家都無法模仿的模樣，讓人有著宛如面對神話現場般的感動。想像著千年前在此處，有人像我一樣仰望著東北紅豆杉，心情更加激動不已。

或許是愛上了東北紅豆杉的氣味。此後，我曾經好一陣子對東北紅豆杉無法忘懷，覺得活了千年的東北紅豆杉，似乎有什麼話想對好不容易活了半百人生的我說，所以一有時間便上長白山去探望它。

我一旦沉醉於樹木，就無法清醒。對於只要想起東北紅豆杉就無法忘情的我，周遭的人基於擔心，都勸我不要再提了。但是在聽到這種擔心的瞬間，我又會再度陷入沉思之中，經常提起東北紅豆杉，不知向多少人說過它的故事。

聽我提過東北紅豆杉的故事的人中，有一個後輩。原就不多話的他，只是面帶微笑靜靜地聽我說話，多虧他的耐心，我才能暢所欲言地說著有關樹木的故事。

忘了是跟他見完面多久以後的事了。有一天早上，他老婆來電，說他因為癌症住院了。據說是突然感到頭痛而去了醫院，結果出乎意料地被診斷出是

胃癌晚期。醫生反問他說，癌細胞已經轉移到其他地方很久了，怎麼到現在還毫不知情呢？

結婚不到一年的他們夫婦倆，小時候是青梅竹馬。男方是沒有父母的孤兒，女方也是靠著單親爸爸艱難地維持生計，所以談戀愛是做夢也想不到的事情。在公園前的自動販賣機旁，分享著一杯只要幾百韓元的咖啡，就是他們約會的全部。儘管如此，他們兩人比世界上任何一對戀人都幸福，因為彼此撫慰了對方絕望的現實。

結婚前的某個深夜，喝醉酒來找我的男方告訴我說：

「鍾英兄，我跟你說。今天我見到我的女朋友，她因為重感冒，臉瘦了一圈。她明明發燒得厲害，卻沒有去醫院，只是強忍著，說是想存下這些錢，買生日禮物給我。」

後來，他們租了一間套房來展開新婚生活。在困難的情況下，為了照顧女方的寡父，兩人一直過著為五斗米折腰的日子，但是彼此都十分珍惜和愛護對方，是令人稱羨的神仙眷侶。一個是心疼身體虛弱的妻子，省下三個月的午飯錢，買補藥給她的丈夫，一個是憐惜著加班如家常便飯的丈夫而每晚流淚的妻子。

原本以為他們倆會永遠幸福地活下去，但如今得知他最多只能活一、兩個月，而且由於沒有醫療費，連抗癌治療都沒能好好進行。看著日益消瘦的他，他老婆不知有多麼心痛。

但是，他們夫妻倆的眼中，似乎看不到這些痛苦，總是面帶笑容。我以為他至少會抓著我痛哭一次，那麼我至少可以好好安慰他一番，但不管是他還是他老婆，都顯得非常堅強。

有一次，我被他一個違背常理的行為而弄得啼笑皆非。當我打開病房門進去之際，他讓老婆躺在病床上，自己反而在旁邊搖搖晃晃地唱著歌。因為他昨晚疼得翻來覆去，妻子也因此而睡不好覺。於是他硬是要妻子躺下，半強迫式地想要安撫她。看見我進來，他有點不好意思地撓了撓頭。

看著這樣的情景，我不知不覺地忘記了擔心。此外，雖然不知道醫師是怎麼說的，但是只要當事人那麼開朗、那麼堅強，也讓人開始產生說不定有一天會出現奇蹟的一線希望。

「真愛之前，無堅不摧。」

但是，這都只是我過於天真的錯覺而已。看過他的笑靨之後，不過幾天後的清晨，我突然接到了他的噩耗。他的老婆以平靜的語氣說道，直到最後，他都是笑著離開，並且交代說要跟大家致意。

我氣喘吁吁地跑向太平間，發現守靈的只有他的老婆。就像在病房裡一樣，她用燦爛的笑容面對我的模樣，讓我感到心碎。這時我才意識到，他是真的離開人世了……

我連一句慰問的話都說不出來，只是呆呆地站著。她向我走來，告訴我說曾經從丈夫那裡聽到了東北紅豆杉的故事。那是她在辦好住院手續後，看到躺在病床上的丈夫，忍不住淚如雨下時，丈夫一邊安撫著她，一邊娓娓道出了東北紅豆杉的故事，告訴她在長白山的東北紅豆杉活著的數千年期間，一定會再次相遇，所以送走他以後，千萬不要哭……

我在白天看到的笑容，就是他們戰勝每天至少一次痛苦的痕跡。而且在他們與生命艱苦奮戰的過程中，也有著幾百年如一日活著的東北紅豆杉。

在臨終前一天晚上，他留給妻子的最後一句話是：「我們下次見面的時候，像東北紅豆杉一樣永遠在一起吧！」

此後，每當我想起東北紅豆杉時，都因他們未完成的愛情而心痛不已。在所謂「永遠」這個命運般的愛情之前，為什麼偏偏要承受如此的痛苦呢？

不過，如今我已經整理好心態，接受這個事實，也稍微了解到，就像深秋迎著寒霜的棗子，能散發出更有層次的味道一般，愛情在經歷磨難之後，才會更加閃耀的道理。

現在，每當我看著東北紅豆杉時，就會許下願望。期盼正如他所說，希望他們倆下一次結緣時，就像東北紅豆杉一樣，可以幸福地長相廝守，完成今生未竟的愛情……

撫慰我飢渴的感謝之樹

——流蘇樹（Chionanthus retusus）

「嘿！給我一些巧克力！」（Hey, give me some chocolate!）

曾經有一段時期，我不知道這句話是什麼意思，只是認真地跟在美軍吉普車後面高喊著。雖然現在只能在戰爭電影中看到，但六十年前，那卻是像我一樣的小孩子的日常生活。

這些經過窮追不捨地跑了數百米，幾乎喘不過氣來才能得到的口香糖和巧克力，是需要珍惜再三、省著點吃的食物，就連吃完剩下的光滑包裝紙，也是任何東西都無法取代的最佳玩具。尤其是口香糖的外包裝紙材質結實，手感特別好，如果把它製作成紙牌來玩遊戲，所有孩子都會對我佩服得五體投地，對我言聽計從。

還有一件事。雖然對所有的孩子而言，能夠那樣獲得食物也挺有意思，但他們最大的願望是坐一次美軍吉普車。因為對於每天只看得見牛車和拖板車的孩子們來說，轟隆隆地疾馳而過的吉普車，本身就十分神奇。

然而，某一天我的大哥竟然開著吉普車回家了。在美軍部隊服役的他，從部隊開著車出來，說是要去某個地方的中途，暫時把車停在了家裡的院子。這時全村的孩子都簇擁而來，有些人居然掛在車窗上，臉貼著臉露出感嘆不已的神情……

之後，大哥就經常開車出來，每當此時，孩子們都瘋狂地追著他開的吉普車，大聲喊叫著：「就載我一程。」因此，我變得洋洋得意起來，在孩子們面前，我的肩膀彷彿充滿了力量，他們都把我當成國王般地侍奉。

唯一令人遺憾的是，每當大哥從部隊出來時，他都會帶來巧克力等各種食物，但是母親卻要求我連指尖都不能碰。因此，想要賣掉這食物來為艱難的

生活多攢一分錢的母親，和無論如何都想嘗到甜頭的小兒子之間，爭執從未止歇。在由於食物短缺而嚼樹根是家常便飯的年代，從美軍部隊帶出來的零食對年幼的我來說，是多麼難以忍受的誘惑。尤其是沒飯吃的日子，被母親藏在衣櫃上方的巧克力紙袋也格外顯眼。

事實上，現在雖說是一段回憶，但是對當時小小年紀的我而言，飢餓是很難忍受的痛苦。在那個能吃上一碗白米飯就讓人無怨無悔的時代，不管孩子還是大人，每年春天都會以祈禱的心情來預測一年農地的收成。

當時人們聚集的地點就是流蘇樹下。在農家附近隨處可見的這棵樹，成群結隊地開著花形酷似盛滿米飯的飯碗的花朵，以前又被稱為「米飯樹」。從遠處看來，好像掛著一串串白色的米粒。因此，據說自古以來，如果流蘇樹花盛開，那一年的農地也是豐收年。

「如果流蘇樹開很多花，就不會挨餓了吧！」

當時，在我幼小的心靈中，只要看著田野旁流蘇樹盛開的花朵，心裡不知為何就會感到十分欣慰。如果肚子餓的時候，流蘇樹的花朵看起來會特別像米飯，甚至讓我忍不住吞口水。母親可能知道我的心情，每次站在流蘇樹下都會開玩笑說：「我家兒子今年能吃飽飯了。」

但是，流蘇樹的花朵盛開，並不意味著這一年的收成必定會好。在我的記憶中，不管豐收與否，流蘇樹總是掛著一串串白皙又飽滿、宛如米飯的花朵。

儘管如此，年復一年，每當春天到來，不管大人或小孩，都會習慣性地仰望著流蘇樹盛開的花朵。其中沒有人會說「盛開又怎樣，還不是每天餓肚子」。只會笑著說，今年八成會豐收了，互相安慰和彼此激勵而已。

如今，往事已如雲煙，比起流蘇樹所勾起的悲傷回憶，花朵本身的美麗更被人津津樂道。人們每次看到流蘇樹，都會讚嘆說那一朵朵的小花多麼細緻，一簇簇的花團是多麼豐盛又漂亮。難怪，有個在我的樹木學校聽課的女生曾說過：「想用流蘇樹花做婚禮捧花。」

但是，如今我看到流蘇樹，比起花朵的美麗，還是更會想起兒時深刻的回憶。對於那種雖然肚子很餓，但是幸福而溫暖的童年思念之情沁人心脾。所有人都想重回美好時光。對我來說，與流蘇樹一起度過的童年就是如此。

獻給世上所有的父親

——赤松（Pinus densiflora）

「淑英還在睡嗎？」

星期天早上，我搖醒還流連在夢境中的女兒淑英，她俯臥在床，不見起身的跡象。

「爸爸有不懂的地方，過來幫我看一下。」

這時，淑英才滿臉不情願地坐起身來，但是眼睛還是半睜半閉。在週日一早就把特別著重睡眠的孩子叫醒，實在有點不好意思。不過又能怎樣呢？事況緊急，能解決的人只有她而已。

喚醒女兒甜覺的主角正是電腦。不管我多麼努力地嘗試獨自處理，可是

電腦這個傢伙對我而言，都是「既遠又近的你」。一開始學電腦的時候，我很快就決定要好好學，結果維持不到一天就前功盡棄，真是讓人鬱悶的事情。

但是淑英一次也沒有拒絕過老爸的請求。不管多累，只要是我拜託的事情，她都二話不說地答應，有這樣的女兒，我真是感激不盡。

「爸爸，這次我把它寫下來給你吧！」

我總是健忘，同樣的東西已經問了三次。面對笑著說不懂的人是有可能會這樣的女兒，我不知不覺地嘆了口氣。

不知從什麼時候開始，這樣的事情突然多了起來。之前對電腦、網際網路等毫不關心的我，自從創建了名為「藍色空間」的官網後，苦惱的事情接踵而至。

首先，每天確認五、六次郵件也是一大工作。雖然視若無睹也不礙事，但是一想到每一個故事背後都是對樹木的愛與關心，我就不忍心忽視。

然而我是所謂電腦白痴中的「天痴」，只能感到鬱悶不已。那該死的鍵盤，為什麼我老是背不起來，吃了幾天苦，最後還是舉雙手投降。只得到了不管再怎麼努力，單憑我一個人實在無能為力的結論。

經歷這種事情的，應該不只有我一人而已。為了學習而努力追趕，不知不覺又出現了新的東西。無法因為感到疲累就能夠不學，因此壓力非同小可。若是僅止於壓力就萬幸了，但現實是，如果落後於時代就無法生存，光想到如此將會被淘汰，就讓人感到頭暈目眩。

有個朋友曾對我說，如果連在家裡都會被孩子取笑的話，活著真是沒意思。

「真不知道至今活得這麼累是為了什麼？這麼努力地想過上好日子，但是好像什麼都沒有剩下。」

你看過韓國太白市到堤川市路上的松樹嗎？坐落在山脊上的那些松樹，總是直挺挺地立著。其他樹木經不起太白市的嚴寒和風雨，早已讓位給松樹。每一棵松樹經歷了多少磨難，其痕跡也都原封不動地保存下來。大部分的樹枝都被強風吹彎了，有些還露出一片嶙峋的樹根。然而，松樹卻始終如一地保留著獨有的蒼翠。

每當在陡峭的岩石間隙或山脊上，看到松樹兀自翠綠的景象，就會不由自主地低下頭來。雖然生活並不順遂，但是它什麼話都沒說，默默地堅守著自己崗位的模樣，不禁讓人熱淚盈眶。

有人說：「唯有當你開始明白，不如意事十常八九，你才會明白人生。」可見活著絕非是一件容易的事。如此看來，這片土地上的父親們，在過去四、五十年的歲月裡沒有跌倒，至今依然堅決地挺立著，單憑這一點，就足以說明他們做了相當了不起的事情。

對我來說，那個景象就宛如長白山上的松樹。在這個連自身都難以生存的世界裡，背負著家人經歷過坎坷的歲月，走到現在的模樣，難道不像飽受漫長歲月的考驗後，在岩石上牢牢扎根的松樹嗎？

以前曾經在報紙上看過一篇標題為〈垂頭喪氣的五十歲世代〉的新聞，報導因為殘酷的組織重整而失業的中年人流浪街頭，還刊登了無力地坐在幽靜公園長椅上的中年男子的照片。

看到那篇報導，我心頭為之一震，感到火冒三丈。不管怎麼說，他們都是活得比誰都更加努力的人。雖然餓著肚子度過了童年，但是也沒有責怪或怨恨他人。年輕時付出血汗努力工作，成家之後，為了守護家庭而一直向前邁進，直到白髮蒼蒼，可以說是馬不停蹄。

然而，是誰膽敢讓他們低頭呢？

我突然想起那位覺得努力生活卻什麼也沒有留下的朋友。如果再次見到那位朋友，我一定跟他講講長白山松樹的故事。我會告訴他說，為什麼要有這麼沒出息的想法，你完全可以理直氣壯地抬起頭，也有資格誇下海口說大話的。

想給年屆四十歲的某人

——日本榿木（Japanese alder）

在韓國任何地方，每五公里就能看到一棵日本榿木。雖然現在不管走到哪條路，道路上到處都有路標，但是不管路有多遠或多近，在以雙腿為主要交通工具的過去，人們經常數著路邊的日本榿木來估算「我走了多少里路」。每當看到日本榿木時，我就會想起小時候被母親揹在背上，唱著「走到哪兒了」的歌聲。

童年時代，我不知道每天看到的那棵樹是日本榿木，和玩伴們一起在日本榿木的樹底下挖洞，埋入了各自珍藏的寶物，約好過十年左右之後，再挖出來。

大概是現在的時間膠囊的概念吧！雖然我們各自珍藏的東西只是彈弓、口香糖紙摺成的紙牌，但是思忖著十年後的心情，還是非常激動和興奮。童年玩伴們中也有人是寫信問自己十年後會做什麼的人。但是，不能期待小時候的遊戲能持續十年，到了約好的時間之際，大家早已各奔前程了。

如今那些童年玩伴們都已經消失得無影無蹤。然而在日本榿木的樹下，雖然有些不切實際，但是回想著對我而言最珍貴的東西是什麼的心情，至今仍歷歷在目。

或許正因如此，儘管現在連那棵日本榿木到底在哪裡都記不清，但是它卻始終活在我心中的一段靜止時間之中。而且每當看到日本榿木之際，我就會想到在人生道路的角落裡，該要休息的休止符。每隔五公里立在街道上，過去被當成計算距離之用的日本榿木的形象，和小時候埋在地下的時光膠囊的記憶融為一體，讓我產生了這樣的想法。

日復一日地活著，如今連我都忘了自己身在何處，曾幾何時已經長大成人，不知不覺地，就過了二十歲、三十歲、四十歲……而且，從那時起，比起開始去做一件事，想去完成它的這種想法，在腦海中占據更大的位置。

我四十歲的時候就是如此。在一事無成的狀態下，就已年過四十，回首前塵，只看見一片空白；而在這種情況下，有著似乎又得加快步伐前進的焦慮感，以及四十歲的年紀，對我而言恍若是件不合身衣服的想法……

直到那時我才意識到，人生需要一個可以停步回首的小休止符。

我懷念著那些可以讓我喘口氣回頭思考的餘裕，讓我想想那些成為我人生里程碑的休止符們，現在走到了哪裡？是否找到了未來前行的道路？而且，對於沒能那麼度過的昔日歲月感到惋惜。

也許正因如此，每當我看到年屆四十左右的人，都會跟他們提及日本榿木的故事。也就是說，我覺得人生有必要停下來回顧一下。

在人行道地磚的細縫裡開出的一棵苦蕒菜花，讓我停了下來。

偶爾在首爾天空盤旋的一兩隻燕子，讓我停了下來。

天橋下，在春光下用黝黑的臉修剪桔梗花的老奶奶的側影，讓我停了下來。
挺著水桶腰為失業兒子送行，轉身離去的母親的背影，讓我停了下來。
我總是以讓我停下腳步的力氣，再次前行。

——潘七煥〈讓我停下腳步的東西〉

即使生活欺騙了你

——刺槐（Black locust）

我記得小時候經常抓著相思樹（Acacia）的樹枝和朋友們猜拳，賭誰先把樹葉都摘下來，還有從它身上掛滿的白色花朵中採蜜吃，也曾和同伴們一起騎過它的樹背，這些童年往事，至今仍歷歷在目。

但是，我們通常認為是「相思樹」的樹木，真正名字是「刺槐」（Black locust）。真正的相思樹只生長在熱帶地區，其樣貌與刺槐完全不同。不知為何，相較於刺槐這個名稱，我個人覺得，讓人感受到甜蜜的相思樹這個名字，其實更加好聽。

不管名字為何，刺槐是鮮少能深植我們記憶中的樹種之一。然而，其實

那些美好的回憶也只是短暫的，熟悉刺槐的人，大部分都不喜歡那種樹。

或許是因為那股韌性，才讓人對它失去好感吧！刺槐會從根部發芽，再怎樣拔除也不會消失，甚至連在墓地也能生根的執拗，又有誰能看好它呢？而且刺槐因為成長過程中需要大量的養分，所以會自動散發毒性，使周圍的草都無法生長，導致可能成為競爭對手的樹種，從種子開始就會乾掉。

由於刺槐生長的速度很快，因此，韓國在一九六〇年代為了盡快綠化荒廢的山林，曾經種下了刺槐，而殘餘的樹木，也在首爾各處留存了下來。後來，不管怎麼砍伐，刺槐的樹幹還是持續向上伸展，據說後來就把它當作燃料來使用。

但是我不討厭長得不起眼的刺槐，反而想稱讚它永不放棄的頑強生命力。

我剛結婚開始幹農活的時候，下定決心要把鮮為人知的花草和樹木展現給別人看，然後埋首於工作。但是不過三年就血本無歸，結婚前去中東兩年所賺的錢全都花光，手頭上沒剩下半毛錢。

該如何活下去呢？我帶著無論如何也無法抹去的傷痛和絕望，每天去爬北漢山，汗流浹背，瘋了似的爬上山頂，喘了一口氣，茫然若失地望著天空，就這樣度過了幾個月。

但是，即使是登上山頂，也絕不可能找到合適的解決對策。隨著心情越來越鬱悶，對人生感到極度懷疑的時候，我站在北漢山山頂，就這麼產生了一死了之的想法。

「如果就這樣被埋葬在山裡，現在感受到的痛苦也會消失吧！再活下去還能有什麼用，與其苟且活著，還不如死在這裡也許更好。」

後來，雖然我和妻子合力經營花園，度過了難關，但是當時所感受到的強烈死亡誘惑，至今回想起來仍是一段令人頭暈目眩的記憶。

有一次在電視上看到脫口秀，主持人向一位作為出席嘉賓的女藝人問道：「如果有下輩子的話，妳想當男人，還是女人呢？」

對於這個問題，她驚訝地如此回答：

「我並不想重生，不論是作為男人或是女人。人活一輩子都這麼累了，還要讓我活兩次嗎？我敬謝不敏。」

聽到這一席話的大多數觀眾都大笑起來，連連點頭稱是。

沒錯。其實我們活一次就這麼辛苦了。為什麼有那麼多讓人痛苦又厭煩的事情……因此，偶爾會覺得自己很了不起。在如此艱難的人世中浮沉，光是維持著呼吸，就已經很厲害了。

也許正因為如此，我眼中的刺槐才顯得如此美麗。

「儘管如此」也要活下去。相較於無論給予多麼好的環境，多麼豐富的養分，葉子還是會下垂枯萎的樹木，刺槐那種無論如何都想要活下去的樣子，不是更難能可貴嗎？即使一再地被砍伐，也將所有的力量聚集起來，努力地發芽、開花的刺槐，讓我不敢苛責它。

生長在韓國的刺槐，刺又特別多，那是樹木受到太多人的欺負，藉由自我防禦的本能而出現的產物。每當看到刺槐身上的刺，彷彿就會聽到「我會堅強地活下去」的聲音。

如果沒有在北漢山所感受到的死亡衝動瞬間，我可能也會把刺槐當成被人嫌棄的樹木。但是，多虧了那段驚心動魄的經歷，現在我似乎明白了此刻能夠活在世界上，是多麼有價值的事情。

也許正因如此，只要站在刺槐面前，心裡就會肅然起敬。對我來說，刺槐就像是在這樣竊竊私語地說，即使累也千萬別放棄，活著本身就是有意義的事。

熬夜寫了封情書

——白樺（Betula platyphylla）

即使被水浸濕，只要放入火中，就會「嗞嗞作響」地燃燒的白樺樹，因為白色的樹皮非常美麗，從前我們的祖先認為它非常珍貴。然而由於生長在嚴寒的地方，所以在韓國相當少見。

但是，對電影《齊瓦哥醫生》中耀眼的雪景記憶猶新的人，很容易想起白樺樹。在白雪皚皚的雪原之上，身著白色樹皮，筆直地朝向天空伸展的白樺樹林。

我第一次見到白樺是在一九九〇年六月的長白山上。仍舊保留著冬天痕跡的長白山的白樺樹，正如某首詩中所描述的宛如就是「樹的女王」。連一片葉子都不剩的裸木模樣，卻如此美麗的樹木實不多見。

有一則自古流傳下來的關於白樺樹的傳說。

若是小心翼翼地剝去白樺樹的白色樹皮，寫一封沒有沾染任何汙垢的情書寄出去，愛情就會成真。越是無法實現的愛情，用白樺樹皮所寫的情書，就越能發揮力量。

看到白樺樹皮，就能理解為什麼會出現這樣的傳說。有別於外表，白樺樹的樹皮非常柔軟，甚至讓人懷疑如何能抵禦刺骨的嚴寒。為了耐寒，在樹皮底下儲備了大量的脂肪，不知是否因此之故，還是因為傳說真的有效，樺樹很久以前就發揮了成為愛情媒介的作用。

在長白山看到白樺樹時，首先浮現在我腦海裡的影像，便是熬夜寫情書的小夥子。

多麼希望愛情能夠實現，有多少年輕人在白樺樹皮上寫下難以言喻的心情呢？即使是刺骨的寒冷，也無法阻擋那份深情湧上心頭的戀情。

寒冬之夜，在搖曳的燭光下，呼呼地吹著筆尖，按著樹皮，一字一句地精心寫下的信。直到天亮才完成的情書，又怕別人看見，小心翼翼地藏在抽屜裡。因為害羞而苦惱著要不要寄出去，最後就這麼埋藏在抽屜裡，隨著歲月流逝的信也不少。

從長白山回來之後，我一直懷著對白樺樹的思念，如今在韓國江原道等地，也常常能看到白樺樹了。當我第一次得知江原道將種植白樺樹的消息時，心想原本是在北歐或長白山才能看到的白樺樹，此刻近在眼前，真是興奮無比。不，比起白樺樹本身，能再次見到觸動我心的傳說，更讓我的心情澎湃不已。

然而當我抱著這樣的心情，跟女兒說了白樺樹的傳說時，她卻啞然失笑。現在的年輕人不會悶著頭寫情書，而是會當場用簡訊或即時通訊軟體KakaoTalk來確認彼此的情意。

寫上「我喜歡你」，發訊息出去，到對方確認為止，不到一分鐘時間的情意傳達法。如果收到訊息覺得對方印象不錯，就當場回覆ＯＫ；如果覺得不合心意，就馬上用ＮＯ來表達。

是我太古板嗎？雖然一方面我很羨慕易於傳達彼此情意的新一代，但是另一方面又覺得「我愛你」這句話的意義已經褪色，因而難掩內心的苦澀。比起簡訊，在白樺樹皮上寫情書的那份心意，更讓人戀戀不捨，難道這只是我的感覺而已嗎？

我指的是寫了、擦掉、苦惱、放棄、摺起來、再重新拿出來，那種熬夜寫情書的心情啊！

掌聲響起時離開

——山茶（Camellia）

午夜十二點多時，電話鈴突然響起。

「禹先生，因為對樹木突然有個疑問，所以想起了你，就打了這通電話。」

關於樹木的問題，不分晝夜，唯有立即得到解答才會罷休的人，我周圍只有一個人。那就是前世彷彿就是一棵樹，比身為樹醫師的我，更關心樹木的約瑟夫修女。

我在登山探路時認識了約瑟夫修女，她是個從初識的瞬間開始，就好像是為了愛護樹木而生的人。現在她只要走在路上看到生病的樹木，就會立即打電話給我，說是某某地方有棵病樹，要趕快來救治，實在是可憐得讓人看不下去云云。

如同所有喜歡樹木的人一般，約瑟夫修女非常喜歡親近大自然。因此，也經常涉足於山野中的寺廟，故而結交了不少超越宗教差異的僧侶友人。

幾年前，她去了一趟久未造訪的寺廟後，打了電話給我，說是在仁寺洞偶然遇到了舍那寺僧人，因此後來親自去了舍那寺，但是卻在那裡看到了染疾的松樹。

由於受到約瑟夫修女懇切的請託，我隔了幾天之後造訪了位於京畿道龍門山的舍那寺。果不其然，正如約瑟夫修女所說，有一棵古老的盤松未達天命，卻正準備等待死亡。那棵松樹似乎自知瀕臨死期，像要撒下許多後代一般，結滿了松果。當時它的狀態已經糟糕到若不馬上採取措施，就無藥可救的程度。

但是若要在寺廟裡治療樹木，光靠有心並不能成事。因為需要得到多個階段的核可，所以在操作上不得不小心翼翼，必須視其周邊的情況，清理樹旁

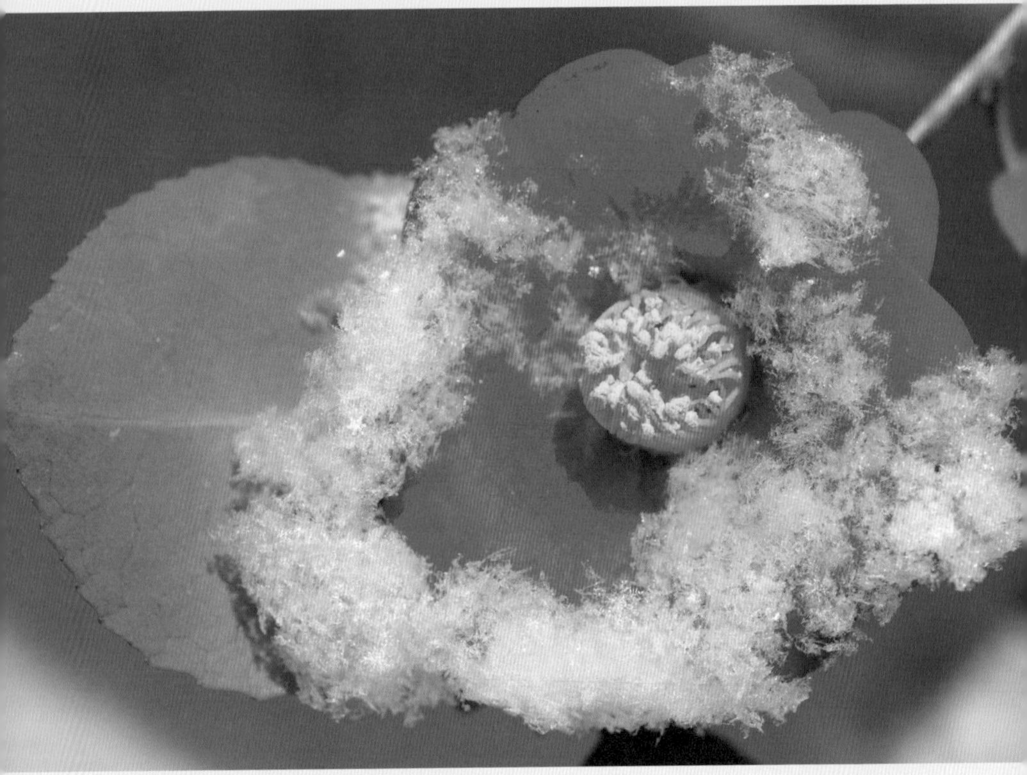

的造景用岩石，想要隨心所欲，真是談何容易。

無論如何，經過了一番周折，盤松終於保住了性命。雖然在清理壓住根部的岩石時，費盡了心思。

結束了急救措施後，我對盤松說道：

「多虧約瑟夫修女，你才保住了性命喔！」

雖然我並不習慣向別人表達自己的心意，但是有一次我準備了一份小禮物送給約瑟夫修女。身為一名宗教人士，以及熱愛樹木的人，這份禮物非常適合她。

我準備的就是一個小相框，其中的主角是山茶花，在白雪之中，它豔紅色的花瓣像鮮血一樣飄落的景象，是我到巨文島親自拍攝的山茶花照片。

收到那個相框的約瑟夫修女高興得不知所措，因為天主教將山茶花喻為殉教者，因此她連聲表示感謝。

就算在冬天也是常綠的山茶樹，何況那朵花在寒意未消之前，便已紅遍大地，讓凜冽的寒冬也黯然失色。每到一月，南方的島上，山茶花就已經盛開。大家曾看過在嚴冬的雪景中，以五片花瓣點綴得十分淡雅的山茶花嗎？傳說守節的女人死後，就會變成山茶花，這樣的形容似乎很合適。

但是我認為山茶花最美麗的時候，並不是花開之際，而是花朵從樹枝掉落的時刻。在雪花飛舞的巨文島，我看到了那個景象。

時值二月，在難得看到雪的巨文島，當天下起了覆蓋著海面的大雪。一名村民嘖嘖稱奇地說：「活到六十歲，第一次在巨文島看到這樣的雪。」一輩子都難得一見的南方雪景，這件事本身已經很奇特了，再加上居然出現宛如電影場景一般的暴風雪，讓我的身體連站都站不住。

但是，在刺痛我雙眼的狂風中，山茶花的花朵接二連三地掉了下來。不，與其說掉下來，倒不如說是飄落下來。花朵彷彿從天而降的感覺。與暴風雪交相輝映的山茶花，讓我一時回不過神來。

如此井然有序的花落瞬間，在白色的雪地上，處處都是飄落而下的山茶花。在皚皚白雪之上留下鮮紅的印記，我陶醉於那紅色的光線，不知按了多少快門……

在嚴冬裡以紅色的花朵讓人肅然起敬的山茶花，那朵花連一片花瓣也不凋謝，就直接落下來結束生命。看著它毫無留戀地結束此生的模樣，剎那間領會到天主教為何會把它比喻成殉教者。

在巨文島上看到掉落在雪地的山茶花，那瞬間消失的美麗是多麼令人惋惜，因而我的相機中全都是山茶花的照片。本來可以再活久一點，即使只是一片片花瓣散落不見，也沒有人會為那鮮明的美麗而妄加非議……

但是最終讓我把山茶花刻入心中的原因，也許便是那壯烈的落花。當美麗達到頂峰的時候，看到它一如原貌地凋零，我什麼話也說不出口。

不是說離開時的背影美麗，才是真正美麗的人嗎？但是人們往往只知道要挺身而出，卻不懂得退讓，這就是我們生活的面貌。坦白地說，我也經常被別人發現，自己無法在生活中退縮。

但是，這又何嘗是容易的事情呢？在巔峰時刻應該退讓的想法，今後會發生怎樣的變化，說實話，我也沒有自信，到時候再去看山茶花謝的樣子吧！

不要忘記掌聲響起時要離開，離開的身影要美麗的事實。

面對無法抹除的過去之法

——**笑靨花**（*Spiraea prunifolia f. simpliciflora*）

樹枝上密密麻麻的白色花朵，像小米一樣的笑靨花。雖然比起長在有錢人家的籬笆下，更喜歡生長在田埂、陡坡、空地上，但有別於它們生活的樣貌，笑靨花的原貌非常華麗和漂亮。

不是有人說顏色中白色是最華麗的嗎？在各色各樣鮮花盛開的五月，唯獨笑靨花最引人注目，就是因為它本身是沒有摻雜任何顏色的純白。正值繁花盛開之際看到笑靨花，樹枝上的白色花瓣宛若嚴冬的雪花。因此，在園藝家之間，它以「雪柳花」的別稱而名聞遐邇。

在所有生命都開始生氣勃勃的春天裡，看著綻放著白雪般花朵的笑靨花，好似消逝的過去復甦之感。

難道是因為雪花給人冰涼而悽楚的感覺嗎？在笑靨花樹下掠過眼前的，與其說是甜美的回憶，不如說泰半都是痛苦和悲傷的情境。年輕時彷徨的瞬間，以及因而受傷的人們；如果可以的話，即使改變我餘生的一部分，也想要除卻的記憶……但是，這難道是只屬於我的故事嗎？不論是誰，人生在世總會有些痛苦的記憶。

令人遺憾的是，人們不會輕易忘卻過去的記憶。

身上的傷口會消失，心靈上的傷口卻是再小也不會復原。無論如何努力地忘記，就算自我拋棄、自我救贖也無法抹去的傷痕，一直留存著的，難道不就是過去嗎？

同樣，對於我來說，讓人想起過去的笑靨花，也具有讓人討厭的生命力。一旦扎根，就會非常頑強地生存下去。據說，無論怎樣拔掉錯落在田埂上的笑靨花，它都會重新站穩腳跟，成為令人頭疼的難題。看到農地的主人為了拔掉笑靨花而摔跤的樣子，村裡的人開玩笑說：「笑靨花就像地主一樣，那麼執著。」

就像怎麼拔也拔不掉、韌性十足的笑靨花一樣，過去的記憶越想清除就越會清晰地浮現，束縛著現在的我。或許正因如此，從某個瞬間開始，每當看到笑靨花時，我總是無法享受它那美麗、光彩奪目的樣子，反將視線轉向莫名其妙的苦澀。

我曾經和女兒一起觀賞過一部韓國年輕導演執導的電影。它的內容果斷地拋開電影強調「包裝」的屬性，在每一句臺詞中，都赤裸裸地展露現實感，這部讓人印象深刻的電影，就是《Die Bad》。

電影的序幕是兩個主角的高三時期，在撞球場因為瑣碎的事情與其他學校的學生發生了爭吵。但是主角之一（朴成斌飾演）為了阻止朋友與他校學生的打鬥，卻因而意外殺了人。

不情願的爭吵，而且是在勸阻的過程中，因失誤而犯下的殺人罪，朴成斌所演的角色最終因此在監獄裡度過了十年的漫長歲月。

雖然結束了囚禁生活回到了社會，但是有了前科紀錄，讓他無處可去。雖然想忘記過去無意中犯下的過錯，卻終究無法解脫。最後，他以自暴自棄的心態，進入了黑社會組織的世界。

另一方面，原本涉入打架的朋友，卻當上了刑警，成為被社會認可的人。知道那個事實的瞬間，他該有多委屈啊！他原本想勸架，只是想阻止朋友打架，結果自己不僅在牢房裡度過了寶貴的青春，還成了黑社會組織的成員，而當初動手的那個朋友，卻成了堂堂正正的刑警。

憤怒的他誘騙當上刑警的朋友的弟弟，把他當作對付流氓群毆的盾牌。最後，他與得知這個事實後找上門來的朋友，展開了殘酷的鬥爭。最終，彼此確認的，只有兩人都沒能擺脫十年前偶發的那個殺人事件的事實。

吐露過去痛苦的人常會這樣說，不管再怎麼掙扎也擺脫不了。但是要背負著這個重擔生活的話，剩餘的人生未免太痛苦了。

問題是，痛苦並沒有就此結束。在被過往所束縛而痛苦之際，記憶中的過去將成為迴力鏢，最終以某種形式，影響現實中的生活。為什麼會如此呢？因為光是回想起痛苦的過去，我們的現在就已經被困在過去的這個陷阱中。

如果過去的人生只能如此存在，那麼我認為現在就不該感到痛苦和煎熬，而是應該給予擁抱。

結果，就連被當作受氣包的記憶，不都是我們各自創造的生活軌跡嗎？若是後悔和惋惜能夠改變什麼也就罷了，然而令人遺憾的是過去的時光不能倒流。更重要的是，越是心存留戀，就越會毀掉現實中的自己。不，這或許會成為毀掉餘生的毒藥。

既然是無法抹除的過去，就不要刻意拋棄。唯有原原本本地接受過去，才能找回安寧，從未能解開的人生心結中解脫出來。

想念母親懷抱的時候

——櫸樹（Zelkova serrata）

跟我同齡的人，大都會記得小時候在家鄉看過一棵讓人心胸豁然開朗的大樹。還有在那棵不知名的樹下玩捉迷藏的回憶，那棵大樹泰半都是櫸樹。

每逢春天就會長出翠綠的嫩芽，一到陽光明媚的夏天，每根樹枝都會增添蔥綠般的綠葉，形成涼爽的樹蔭，秋天則會用美麗的紅葉增加季節的深度，在下雪的冬季，樹枝上又會積著白雪，讓人心裡倍感溫暖。在村子的角落裡，看著歷盡風霜，卻始終如一地迎接四季的櫸樹，我幼小的心靈也能充分感受到它十足的從容不迫。

但是，對於沒有東西可玩的的小孩來說，櫸樹成為了有趣的娛樂設施。

我至今還清楚地記得，偶爾犯錯的時候，為了躲避被母親用掃帚打屁股，會偷偷躲進櫸樹洞裡。雖然只是樹裡面的一個窟窿，但是待在裡面就宛如躲在樹上小木屋的頑童湯姆一般。

當時的想法是，這個巨大的樹洞，究竟是誰鑽出來的呢？每當朋友齊聚一堂時，大家就議論紛紛地說，鬼怪會如何如何、山神會在半夜偷偷下來、樹上的鬼魂會為了自己活下來而找替身等等，編造出各式各樣的故事。

後來長大了才知道，櫸樹本來就是容易腐爛的樹。如果樹枝折斷，或是有像天牛這樣的蟲子進入，一旦出現小洞，就會開始失控地腐爛，最終導致樹幹裡面空空如也。但神奇的是，它卻能毫不動搖地承受整個樹枝那麼沉重的重量。當然，在某種程度上，那也是它停止腐爛的時候。

小時候，躲在那麼大的櫸樹洞裡時，只是覺得看起來新奇又有趣而已。自從有了「樹醫師」這個名號後，那個窟窿就不再只有童年的感覺了。首先想到的是，直到腐爛不堪為止，它該有多辛苦，又如何能夠默默地忍受這種痛苦。

每當看到樹心被穿透的櫸樹時，我就會想起這個時代的母親們。她們即

使對子女付出一切，也還在想著還有什麼可以再給予的。

某一天聽到張英姬教授去世的消息時也是如此。認識她的人應該都知道，她出生一年後被診斷為小兒麻痺症，五歲以前都沒能好好坐下，總是躺在床上，是「小兒麻痺一級」的殘障人士。直到小學三年級為止，都是她母親揹著她上學，母親為了帶著雙腿和右臂癱瘓的她去上洗手間，每隔兩個小時就要去一趟學校。張教授曾在一篇文章中憶及母親。

「我母親為了給沒有行動能力的女兒提供一個立足之地，冒著生命危險『抗拒命運』而奮鬥。在殘障意味著背負原罪的韓國社會裡，即使內心淌血，母親依然理直氣壯、毅然決然地守護著女兒，將我揹著送到教室，在外面瑟瑟發抖等待著我的母親……即使懇求著這個世界『只要稍微給予幫助，我的孩子也能做好』，但總是被推到懸崖的我的母親，我能夠有今日的成就，都是因為我的母親。」

張英姬教授一生中大部分時間都依靠拐杖，並且面對著彷彿吞噬人生般可怕的癌症，與病魔長期抗爭，卻始終堅持地走在英文學者的道路上，難道不是因為有著像櫸樹一樣，內心淌血卻一直守護著女兒的母親的愛嗎？也許正因如此，張英姬教授在臨死前留給母親的信，讓我感到非常惋惜。

媽媽對不起，我先走了。
身為媽媽的女兒，心裡很不好受，
但是我很開心能成為媽媽的女兒。
媽媽，請您再看著這美麗的世界，
長長久久地等待，日後我們再會吧！

俗話說：「神無法無處不在，所以創造了母親。」但是，我們唯有長大成人，自己生兒育女之後，才能稍微理解母親的心。在母親的內心已經像櫸樹一樣腐爛而被掏空時，我們才幡然醒悟。我也沒能在母親心靈被掏空之前停止彷徨。這個事實讓我至今仍心痛不已。

愛情與傷口的函數關係

——**紫藤樹**（Wisteria floribunda）

我認為五月之所以美，是因為有紫藤樹。在和煦的春陽之下，裝點著淡紫色的葉子，垂掛著藕荷色的花。在紫藤樹的樹蔭下，不知為何心情也會變得悠閒起來。

然而，我眼中的紫藤樹之所以美麗，並不僅僅由於它美麗的花朵或樹葉所形成的樹蔭。

紫藤樹是藤蔓植物，靠自己的力量無法伸展樹幹，而是兩根樹幹相依著生長。雖然有時會爬上其他樹木，但是仔細一看，它們的枝幹之間會互相交纏

著，宛如你追我趕似的一起成長。

觀察校園裡常見的紫藤樹可以發現，樹幹靠在鐵柱上，兩根樹枝像繩子一樣互相纏繞著生長。就這樣互相引導著對方脆弱的部分長大，最終綻放出美麗的花朵。在同一個空間裡，兩根樹枝一起生長雖然會有些不便，不過從它們彼此纏繞的樣子來看，彷彿一開始便已經融成一體似的和諧。

看著它們不吵不鬧，一步步共同成長的模樣，我再次感受到了因緣的重要性，並再次思考了自己的過去、現在，以及未來的緣分。

但是，在我們的現實生活中，所謂的緣分似乎並不那麼重要。不，應該說我們為何從不曾好好思考它的意義。

看著電視新聞或報紙，我再次感受到了這個事實。若是我們珍惜人與人之間的緣分，很多事情就不會發生。一氣之下殺害了愛人或配偶的消息，現在連社會要聞都稱不上。某個市場調查公司以韓國主婦為對象，提出了「如果經濟條件允許的話，想離婚嗎？」的問項，結果有百分之八十五的受訪者表示同意。當然，這是因為韓國的主婦們正處在相當鬱悶和委屈的現實之中。即便如此，我還是覺得有些遺憾。我們都是因為相愛，把彼此當作正緣才會結婚的，不是嗎？雖然很難相信韓國的離婚率在亞洲國家居冠的統計結果，但這卻是事實。

一再反覆的後悔和傷害。因為相愛，反而隨意對待彼此，因此容易造成傷害，這就是我們現在的樣子。為什麼越是相愛，傷害的強度就越高呢？有些人就是如此。如果對待陌生人會那樣做嗎？因為是相愛的關係，所以對彼此的感情很直白，難道不是這個原因嗎？

但是，傷害和感情的坦誠是不同的。對感情坦誠是彼此可以共有和分享的部分，傷害的則是從一方走向另一方的單行道。最後，那個傷口會像刺傷對方一樣，返回到自己身邊，留下痛苦的悔恨。

我們常常忘卻這個事實。因此，在日常生活中隨意傷害和詆毀與自己結下緣分的人。由於沉浸在惰性之中，若別人也是如此生活，那麼會給彼此帶來多少傷害的日子呢？

若是有個偶爾會感到厭煩，偶爾會不想見面，但是一轉身就想念的某個人，這是多麼巨大的生命祝福啊！人生或許就是無止境的結緣過程。就像融為一體，不斷地相互攀爬的紫藤樹一樣。

每當看到紫藤樹時，我有時候會想起自己曾經結下的因緣，以及今後將要結下的緣分。回想一下，有沒有因為太過親近而傷害過別人。

看著就想笑的樹

——三椏烏藥（Lindera Obtusiloba）

爬山時，有棵樹光看著便會逗我發笑，讓我在其他登山客的眼裡看起來精神恍惚的傢伙，就是三椏烏藥。

三椏烏藥散發著與生薑香味差不多的味道，但和生薑的樣子截然不同。不，更具體一點來說的話，看到它的時候，會脫口而出「那是樹嗎？」

首先，三椏烏藥的樹葉形狀就是如此。整棵樹形宛如魷魚的軀幹，葉子尾部像是蝴蝶結末端一樣分成兩半。雖然不知道該說是很有創意，還是藝術性十足，總之，它與普通樹葉的形狀天差地遠。

豈止如此呢？因為每次長出新芽時，都會改變生長的方向，所以日後一看，樹枝總是歪歪扭扭的，長得非常隨興。從某個角度來看，好像在跳舞，也像是醉漢的步伐。

那麼，花的樣子又如何呢？沒有特別花梗的花，枝條則是密密麻麻的連在一起。它自認為「我也是花」，從初春開始，彷彿為了早點打開花瓣似的，吃足了風，那個模樣就像是個耍脾氣的孩子的臉頰。

還有，為什麼生長的地方也是在懸崖峭壁的縫隙呢？那麼狹窄的地方怎麼擠進去的？真是令人驚奇。明明土壤豐富，水流順暢的肥沃土地也很多，但是在廣闊的山林中，只有在讓人懷疑「這樣的地方也能長出樹嗎」的地方，才能看到三椏烏藥的蹤跡。

它的長相如此，行為也是如此。每當看到三椏烏藥時，都不禁會笑出聲來。看一次就笑一次，轉過身想起來又會笑出來。

光是看著它，也能讓我發笑的樹。爬山時，我唯獨會去尋找懸崖或岩石縫隙的三椏烏藥，難道不是因為我渴望開懷大笑嗎？隨著年齡的增長，不僅笑容本身減少，甚至連應該笑什麼都忘記了，這不禁讓人感到心酸。也許正因如此，現在看到三椏烏藥就會露出笑容，同時也會產生親切而感激的想法。

宛如討人嫌卻無法討厭的孩子一般

——日本栗（Japanese chestnut）

梳妝臺上的舒潔（Kleenex）衛生紙抽取盒不知是如何被拉下來的，整個房間都灑滿了衛生紙。被黑色油性簽字筆塗滿的地板，看起來已經沒有復原的可能性。正當想收拾一屋子亂七八糟的垃圾時，孩子突然大喊大叫地撲了過來。因為他覺得自己創造的世界將受到侵犯，所以無條件地採取行動。不僅如此，如果為了好玩，想搶走孩子手中的餅乾，那麼孩子的臉就會紅通通的，瞪著雙眼，馬上進入戰鬥狀態。父母都有過這種經歷，這就是討人嫌的三歲孩子的模樣。

但是，淨做些討人厭的事情的孩子，在爸媽疲憊的時候，又好像很了解父母的心情似的，露出天使般的笑容，鑽進了父母懷中。然後，神奇的是，父母的心也會像春雪融化一般，迅速忘了自己什麼時候生過氣。沒有養過孩子的人或許不會理解那種感覺。我也是有了孩子後才懂。

一到秋天，樹幹上就會結出豐碩的果實。但是每當我面對那麼碩大的栗子樹時，便會想起三歲的小孩；就是不管做什麼事，總是賴皮又固執，做的每一件事情都討人厭，但是只要笑一次，就會讓人心裡感到幸福的三歲小孩。

不過有別於栗子樹巨大又清爽的模樣，其所作所為實在令人作嘔。從栗子樹生長的周遭環境，一眼就可以看出這個事實。

韓國古語有云：「人長之德、木長之弊」，意思是說，在優秀的人身邊可以見賢思齊而從中受益，但是在大樹下面的草木，會因為大樹遮擋了陽光而受害。不知天高地厚，挺直了樹幹，將樹枝無限伸展到兩側力量所及之處的栗子樹，在它下面絕對不能種植其他樹木。因為，它會獨享天上的陽光。如果看到只留下黑影的栗子樹密密麻麻的葉子，以及寸步不讓的樹根，任何一棵樹都

不會想去它的身邊。所以進入樹林可以看到栗子樹周圍的樹木，都像逃竄到栗子樹的另一側似的伸出了樹枝。

栗子樹就像獨行俠般地長大，連每一根樹枝，都長得一副毫無顧忌的模樣。彷彿一個無所畏懼、任性的孩子一般，毫不猶豫地伸展著枝條。似乎是怕空間不足，所以在葉子上掛起尖銳的葉針，任誰也不能靠近。

它的氣場又有多麼強呢？諸如橡樹和其他樹木是在樹葉下靜靜地開花，栗子樹則是向天空豎起花朵。看著連花朵都高高聳立的栗子樹那種威風凜凜的樣子，不禁讓人覺得有些討厭。連我看來都如此，更何況其他樹木對它的怨恨呢？

從小到大好像都唯我獨尊的栗子樹，看著它的模樣，感覺好像其他的樹都會嫌棄它說：真是好討人厭喔！眼裡只有自己，對別人連一丁點關懷都沒有的那種頑固，不管再怎麼替它著想，都叫人吐不出好話來。

但是，在我一年到頭持續關注著栗子樹之後，最終不得不露出微笑。就像母親的性格一樣，為了不讓任何人碰到它的果實，它內外包裹了兩層，不僅如此，還將果實藏在尖尖的針葉之中。

一提到栗子樹，就會想起吃起來很費工的小栗子，每年一到冬天，不分你我都會去買好吃的栗子。如果買一袋糖炒栗子放在口袋裡，寒風凜冽的冬季街道，也會變得溫暖起來。一家人圍坐在一起吃大鍋飯的樂趣，不也是溫暖冬天的消遣嗎？

不單單是果實，有一次在旅行途中，我嘗到了栗子花裡湧出來的花蜜。那個味道真是相當濃烈，讓我現在有時會想故意去找來嘗嘗。

即使不到蜂蜜的程度，但是每當我在嚴冬吃著甜甜地填滿嘴裡的栗子時，栗子樹的那種頑強性格，反而讓人覺得非常可愛。一整年之中，它只知道兀自固執地活著，最後結出了好吃的果實，然後撒嬌地說：「這樣就不討厭我了吧？」就像三歲的頑童一整天都在做討人厭的事情，突然笑咪咪可愛地撒起嬌來，這難道只是我的感覺嗎？

此時此刻，山上依然長滿了無法無天、任性而為的栗子樹，但是一想到深秋時節，它又會露出難為情的樣子，結出甜美的果實，就會覺得它非常可愛。世界上所有的樹不可能都是一樣的吧！

斯人已遠，心意猶存

——木蓮（Magnolia kobus）

「哇，真漂亮！」

當人們想起令人驚嘆的開花植物時，八成不會漏掉木蓮吧？在三、四月分暖春時節，木蓮樹開滿耀眼的白色花朵，任誰都會忘情地看它一眼。「木蓮」的含義是「像蓮花一樣美麗的花長在樹上」，讓人馬上就能心領神會。

每當人們拿出手機在木蓮樹前擺出各種姿勢時，我就會突然想起一個人。那就是生前最愛護木蓮的卡爾．米勒（Carl Miller，後來入韓國籍，取名為「閔丙渴」）。一九四五年，他身為聯合國部隊情報軍官首次踏入韓國。但是在任務結束後並未回到母國，而是繼續留在韓國。一九六二年時，他偶然前往千里浦，並在一名村翁懇切的請求下，購買了一塊無異於荒地，位於海邊懸崖上的土地，這就是千里浦植物園的前身。

千里浦植物園面積不到二十萬坪，但是種植著一萬五千多種樹木。無論到世界任何地方，都很難接觸到像此處這般多樣性的樹木。因此，二〇〇〇年還首次獲得了國際樹木學會頒發的「世界最美麗的植物園」認證。

但是，一開始這位遠渡太平洋來到韓國的外國人，在年近五十之際，突然說要蓋一座植物園，並且要買樹種植時，人們都感到十分驚訝。可他不顧人們的眼光，將餘生全部奉獻在開拓植物園。誰又能理解他投入畢生積蓄，只是為了樹木增多而高興呢？

自稱「樹木守護者」的他，從來不會對樹木用藥。哪怕吸食樹液的甲蟲或天牛等昆蟲肆虐，導致樹幹腐爛時，他也不為所動。一旁無法坐視樹木死去的員工，不禁追問他：

「閔院長，您這麼做是為哪樁？如果用藥治療，樹木就可以活下來，為什麼那麼固執呢？」

他馬上說道：

「這個植物園不光只有樹吧？如果下藥，樹木也許會救活，但是樹根下的泥土會死掉，然後與樹木一起生活的小昆蟲也會消失。這樣一來，築巢的鳥兒自然也會離開。樹木之所以美麗，是因為旁邊有小草，有徹夜鳴叫的小蟲，還有折翅休息的小鳥。」

所以千里浦植物園不僅僅是樹木的天堂，也是野生動物的樂園。位於植物園總館前的小池塘，是花嘴鴨（*Anas poecilorhyncha*）或黑頭翡翠（Halcyon pileata）等候鳥的巢穴。當然，害蟲也在此光明正大地和其他生物一起生活。因為所謂害蟲，也只是從人類的觀點來區分而已。

唯有自己戰勝了考驗，學會憑藉一己之力與他人共存的方法，才能獲得真正的人生。如此共創共榮的大自然，不管經歷多長的時間，也不會失去本來面目。在一般性的危機中，也能一絲不亂。在大自然之中經歷過各種考驗的樹木，就能夠守護著既有樹形以享天命。

也許閔院長喜歡守護木蓮的方式也是如此吧！即使到了自己無法再照顧

它之際，也希望木蓮樹能夠朝氣蓬勃地活下去。希望它自己能夠經得起考驗，開出美麗的花朵。我突然想起閔院長離世前不久接受採訪時說過的話。

「人命長則百年，樹齡長則千年。我經營這個植物園雖然才三十年，但預期它至少可以存活三百年。即使我離開人世，千里浦的樹木也會再多活幾百年。」

正如他所說，木蓮樹在他離世二十多年後的今天，依然守護著千里浦植物園，每年四月都會如期綻放著白皙又美麗的花朵。

斯人已遠，心意猶存。

縱然是無人知曉之路

——黃楊木（Buxaceae）

只要是喜歡讀書的人，至少都會聽過一次這個位於英國威爾斯的舊書村——海伊（Hay-on-Wye）。如今，該村在全球變得赫赫有名，其中隱藏著理查德．布斯（Richard Booth）這個人的努力不懈。

他特別熱愛書籍，一九六一年於英國頂尖學府牛津大學畢業後，放棄了其他可選擇的路，回到故鄉海伊，開了一家舊書店。不顧他人對於在一個小山村開舊書店無法維持生計的勸阻，他仍然堅持自己的想法。而且他不僅在英國，還輾轉於全世界蒐集古書以充實書店。就這樣，一本、兩本蒐集而來的古書，裝滿了他的舊書店，他買下了教會和消防局等村子裡閒置的建築，當成蒐集書籍的場所。

在此期間，他所認識的書店主人和圖書收藏家陸續來到村子裡開店，因此，海伊出現了越來越多的舊書店。隨著時間的推移，在人們口耳相傳之下，有了「去海伊可以買到所有書籍」的傳聞。

一九八八年，海伊舉行了「海伊慶典」（Hay Festival）。每年五月最後一週舉行的該慶典在全球變得知名，現在已成為著名作家、圖書收藏家和學者們的年度活動。而且，隨著海伊慶典的名聲傳遍全世界，比利時、法國、日本、德國等世界各地也開始出現了類似的舊書村。

我對書籍特別感興趣，每當聽到海伊的故事時，就會想像理查德·布斯第一次開書店的時候。別說是被人理解了，而是被嘲笑的無數日子裡，如何能夠始終如一地努力呢？海伊節始於一九八八年，他可以說是將一生都獻給了舊書蒐集也不為過。

在漫長的歲月裡，一心一意想著舊書而活著的布斯，以及他所創造出來的成果，聽著這個關於海伊的故事，讓我想到了黃楊木。

如果去韓國江原道寧越地區的東江一帶，就能看到喜歡石灰岩地形的黃楊木的生長地。但由於現在樹木非常容易修整，所以無論是在哪個花園中，都養著很多黃楊木。

難道是因為變得太普遍了嗎？看到黃楊木時，很多人都能認出「啊！原來是那個樹啊！」但真正了解黃楊木特性的人並不多。

這棵樹本來就很不起眼，即使長得再大，樹的直徑也不過一個手掌寬，高度也很矮。事實上，只要長在其他樹之間，就會被認為是很不顯眼而無名的樹種。

但是，若知道黃楊木的生長過程，哪怕是不感興趣的人也會回頭關注一下，這就是黃楊木。

若想要樹木的直徑達到一個手掌寬，需要多長時間呢？大概十年？最多二十年？事實上，黃楊木若想要長到這種程度，起碼需要五百年以上的時間。在我們周圍如果看到已具樹形的黃楊木，至少都是從我們曾祖父時代就已經開始扎根了。

黃楊木非常適合被稱為慢郎中。但是，在如此緩慢的成長過程中，它可以不斷夯實其內部，所以其堅硬程度是任何樹木都無法比擬的。因為生長緩慢，組織變得周密而均勻，具有不受任何衝擊而變形的堅韌性。

而且這種堅固性具有珍貴的價值，是刻成印章的優秀材料。只要想一下我們常用的木製圖章，大部份是以黃楊木刻成就不難得知了。因此，自古以來，祖先們就將黃楊木稱為「印章樹」。

人們大多喜歡樹高參天，形成美麗的樹蔭。但是，越是快速長大，然後快速伸展枝幹的樹木，其內部越不牢固。也就是說，在成長和開花方面消耗了一切，沒有餘力充實內部。這些樹木活著的時候，也許會吸引人們的視線，但是生命結束後，就會消失得無影無蹤。

雖然無人知曉，但是會長時間地緩慢生長，最終發揮其價值而被當作堅硬印章的黃楊木，以及將海伊打造成全球舊書村的布斯。

我為在漫長歲月中，走過無人知曉之路的他們鼓掌。即使不能馬上得到認可，但默默地走向自己理想之路的模樣，是多麼偉大和帥氣啊！然後我想了想，在漫長的時間裡，我心中究竟有什麼東西，也是如此進展緩慢地在努力著呢？

我寄給樹木的一封信：

樹啊！請不要生病

不知道你是否還記得？那一夜我喝醉了酒，走在昌慶宮前的林蔭道上。至今我仍忘不了當時看到的懸鈴木。那個水泥樹墩該有多麼狹小，讓本該埋在泥土裡的根部，赤裸裸地露出地面，受夠了煎熬的樹枝都下垂至足以觸地的程度。那些樹好像對我說著這樣的話。

「現在再也不想活下去了。」

隨著時間的推移，柏油（asphalt）監獄和人類製造的公害越來越嚴重，導致懸鈴木無法忍受，只能放棄自己的生命。當時年過四十的我，懷著焦急的心情，抱著巨大的懸鈴木，如同孩子般地嚶嚶哭泣。

雖然現在才坦承，但是直到那時為止，我似乎都還是一個自私的人。在摘下一根樹枝的時候，我也是苦惱著怎樣才能讓樹形顯得漂亮。看到因為病蟲害而受苦的樹木，比起追究出根本原因，我更傾向於無條件地先上藥。在選擇種植的位置時，比起舒適的地方，我首先考量的是與周圍的環境是否協調。對我來說，你就是一個漂亮的裝飾品，而我是一個努力包裝好裝飾品的人。

雖然我的任務是救活你，但是無論如何，這只是出於人道的立場，你是否想活得更久，你希望被安置在什麼地方，並不是我關心的問題。我並未意識到在治療你之前，首先應該理解和分享你的痛苦。

那些在昌慶宮前讓我哭泣的懸鈴木，也許是在等待這樣的我。也許是因為看到不論時間如何流逝，我都沒有意識到，所以覺得應該親自用身體說出來。直到那時，我才將你視為活著的生命體、共同生活的朋友，這才逐漸明白了我的使命。

有一次在電視上看了一齣醫學背景的連續劇。這是男主角讀醫學院時的事情，他非常害怕去上解剖學實習。在逼近第一節解剖課時，甚至不知不覺地就嘔吐了。他內心甚至懷疑自己能否順利完成醫學院的學業，但是最後卻以同屆同學中最好的成績，完成了解剖學課程。這究竟是怎麼回事？那正是因為第一堂課時教授所說的話。

「醫生是因為天神太忙了，所以代替祂到人間出差的人。所以，只有天神才能處理掌管人類的生命。」

然後，這位教授最後說了這樣的話：

「患者把生命交給了我們，即使不是天神，也應該走近一點看看吧？」

這也許就是身為醫生的使命。

如果說代替天神處理生命是醫生的使命，那麼我的使命是什麼呢？

我敢說，那應該就是替天神來管控你的性命吧！離開大自然的懷抱，暴露在一切惡劣條件下的你，對於無法再停留在神的祝福下的你，代替天神、代替大自然伸出微弱的關懷之手，就是我的天職。

前幾年發生的戒指事件，也讓我更加確信。

當時我在光德山農場準備「始山祭」。你應該也知道，每年年初，我都會祈求能和你一起在山裡平安度過。

我接到有人要從首爾來的通知，就下山去接他。繞著彎彎曲曲的山路開車，我一心想著「始山祭」的事情。難道是因為這種心情嗎？我在急轉彎時沒能握緊方向盤。那時正好下著雪，山路非常滑，我的車子失去重心滾落到了田埂上。我昏倒在地，然後，不知過了幾分鐘，才回過神來摸了摸身體各處，所幸沒有受傷。但奇怪的是，我手指上的戒指不見了。抬頭一看，我抓著的車窗被石頭撞得粉碎，映入眼簾的是嵌在碎片縫隙中的銀戒指。

在車窗被石塊撞到的瞬間，玻璃碎片掉落在銀戒指上。那一瞬間我把手抽開了。

要不是那個銀戒指，我的無名指現在也不會還在我手上。否則，我用雙手來照顧山林的事情，就無法一如從前般熟練了。正如你所知，照料一棵樹就像寫毛筆字一樣，需要細緻的手工。

很神奇的是，除了一點皮肉擦傷之外，我的手指完好無損，連一滴血都沒有流出來。

當時被困在車裡時，你知道我在想什麼嗎？

「原來我這一輩子是要用這雙手來照顧樹木啊！」

至今，我厚厚的銀戒指上還清晰地留下當時的痕跡。就像在提醒我不要忘記當時的體悟。

從那以後，我放棄了自己內心所有的意志和想法。不是按照我的想法和意志來行動，只是用我的雙手代替神，代替自然、代替鳥、代替風、代替雨來照顧你而已。

這樣看來，我似乎完全重新認識了過去一直做的事情。

現在即使抓到一隻折磨你的蟲子，也不是單純地預防病蟲害，而是代替鳥類的天職。因為周圍沒有能抓住蟲子的鳥，所以才會由我來代替鳥。

修剪樹枝的時候也是一樣。如果在山上的話，樹枝會因為風的影響而自然掉落，而我在修剪樹枝時，則會反覆地說：「這是代替了風。」

即使是同樣的事情，但是心情變得不同之後，一切都令人感到驚奇。然後也讓我放棄了勉強救活你的想法。一切都是按照自然的規律，順應著從數億年前開始延續的生命法則來進行。

不久前，我接到來自加平某個村莊的聯繫。說是村裡有棵古老的松樹，從幾個月前樹枝開始枯萎，現在連樹皮都已經黑死。感覺情況很嚴重，所以我立刻就出發前往。進到村裡，焦急的老人早已出來迎接了。

「救救我們的樹吧！這是從我們祖父時期就有的樹。」

他們所指的地方，矗立著一棵足足活上百年的大松樹。走到樹前，看到到處堆砌的石塔映入眼簾。一想到每一塊石頭都包含著村民們的故事，我的鼻頭不禁微微發酸。

走近一看，那棵松樹因為受不了鑽進自己身體的蟲子而生病了。到底樹心爛了多少，肉眼實在看不出來。我從工具包裡掏出鑿子來，然後在鑿出孔的瞬間，我的手自動停了下來。

因為手背上流淌的黑色液體。看著像是死血一樣烏黑的樹液，我突然有了這樣的想法。

「這棵樹早已做好了迎接死亡的準備啊！」

那棵松樹現在想結束自己的天命，回到大自然，它把體內殘留的液汁就那樣送走，準備著離開。

但是，在我身後，卻有人苦苦哀求著我救活這棵松樹。當然，如果加以治療的話，它還能再活上幾年。但是我不想那樣，因為松樹本身並不想活下去，只是為了人們，不能阻止樹木接受順理成章的自然法則。所以我極力無視人們哀求的眼神，說了這樣的話：

「松樹想休息了，就別管了吧！」

但是，放著生病的松樹不管，回過頭來的心情並不舒坦。沿著樹幹不斷流下來的黑色液體，為什麼沒有從腦海中離開呢？我差點兒就掉頭又回村子裡去。如果真這樣做的話，我肯定一整天都會在松樹旁邊幫它剝掉樹皮，挖掉腐爛的部位，給它塗上各種藥，盡最大的努力去救活它。

如今看著生病的你，我還是很難受、很痛苦。這也許是我至死都無法克服的課題。事實上，現在更多的時候，人們都不敢判斷到底什麼才是代替神、代替自然的事情。因為你會生病，實際上大部分責任都不在於你，而是我們人類所致。

最近，你來找我的次數越來越多。當然，因為你不會說話，所以只能透過別人來找我。

不論何時，我都準備好隨傳隨到。

但是，樹啊！我希望你不要來找我。

而且，就算我丟了飯碗也沒關係，希望你不要生病，健健康康地活下去。

樹啊！千萬不要生病。

Chapter 2

樹木
教會我的事

有些人從街談巷議中學習人生，
有些人從稚子身上學習人生。
從這層意義上來說，
我則是從樹木身上學到了人生。

最終仍能打動人心

——木瓜樹（Pseudocydonia sinensis）

俗話說「讓魚貨店丟臉的是短蛸，讓水果丟臉的是木瓜。」傳說以前有個人看到一棵褐色樹皮的樹，好奇如此美麗的樹上會結出什麼樣的果實，於是將它移植到自家前院，但在看到秋天結出的醜陋果實後，嚇到差點暈倒。一氣之下想要摘下果實，卻突然聞到了果香，甜蜜的香氣讓他再次感到驚訝，想說「這才對嘛」，於是咬了一口，結果又被那澀澀的味道嚇了一大跳。

說起木瓜，這種被模樣、香氣、味道連嚇三次的情形，總是會被提及。總之，可憐的木瓜因為其滑稽的外貌，一直被稱為「醜陋的代名詞」。但實際上，滑稽的並不僅僅是木瓜的果實。果實結成的樣子更是有趣，在並不粗大且沒有枝條的樹幹上，結出密密麻麻的果實，讓人看了都覺得很悶。

儘管如此，因為木瓜的香氣很迷人，所以會用作芳香劑，或者將它不能吃的部分煮成茶來飲用。木瓜的優點並不僅僅如此，一如前述，栽種過木瓜的人，一定很清楚它的樹皮有多漂亮。當它光滑的樹皮在春天脫落時，其位置上的斑點有著非常獨特的顏色。

不僅如此，在種植木瓜的過程中，每根樹幹上結滿的果實，會讓人年年都感嘆不已。我認識的一個朋友，就是為了享受結實纍纍的樂趣而栽種木瓜，據他所說，曾經一口氣摘下了一百五十顆像剛出生嬰兒臉孔般大小的木瓜呢！

另外，大家都只知道木瓜可以煮成茶喝，但我小時候住的社區裡，有位老奶奶曾經給過我用煮熟後木瓜拌上蜂蜜做成的餅乾。

木瓜雖然香味好聞，但看起來非常滑稽，而且因為「吃不了，所以沒用」的成見，被當作是無用的水果。每當看到那樣的木瓜樹，就會想起一個晚輩。

這麼直白地說有點不好意思，不過這傢伙真的不管怎麼看，都稱不上好看。他的塊頭很大，像是直接拼接上去的臉龐，釦眼般大的眼睛，朝天開著兩個窟窿的粗短鼻子，以及與身材不相稱的嘴巴，為什麼又那麼小呢……

但是，他的為人真的再真誠不過了。人好到某一次幫朋友代墊做生意需要的資金，結果把自己的租金全都賠掉了。即便如此，他也沒有抱怨一聲，只是跟朋友說，以後賺了錢再還就好。

可是有一天，他突然說想要結婚，據說是年邁的母親急切地想要抱孫子，希望幫她實現心願。還有也許是因為長時間在異地生活，現在覺得挺孤單的。沒想到總是活得一副無憂無慮的他，也有另外一面。從那時起，在朋友和公司同事、前輩們的總動員之下，他開始了「結婚大作戰」。

不過在相親的時候，初次見到他的女性對象，怎麼會知道他的為人呢？大部分的異性一看到他那奇怪的外貌就掉頭離開，即使偶爾會有耐性地留在座位上的女性，也因為他那無趣的說話方式，不久後便皺起了眉頭。

「哥，我想我還是一個人生活吧。」

長得不好看，不擅言辭有什麼罪過呢？可是一想到內心因而受傷的他，就不敢鼓勵他繼續相親。

然而那只是我個人的想法而已，其他人都不以為然，不停地製造機會，硬是讓他去相親。

於是他又經歷了多次的相親。但是，不論是他那個性十足的長相，或是三十多年來慣用的語氣，都不可能在一朝一夕之間就改變。最終他在全數的相親都被拒絕後，說了如下這段話：

「明天是最後一次相親了。我其實不想去，但這樣對對方不太好意思，就露個臉再回來好了。」

聽了他伴隨著嘆息聲的話語之後，我內心暗自決定隔天一定要請他喝杯酒。然後在隔天下午等著他的電話。然而，到底是怎麼一回事呢？電話那頭居然傳來他興奮的聲音。

「哥，我似乎遇見我的人生伴侶了。」

事情是這樣的。在抱持著自暴自棄的心態去相親後，他的心情反而變得輕鬆了。更何況，眼前的女人擁有比以往任何女人都更出眾的美貌和智慧，所以他根本連正眼都不敢瞧她一眼。

如此一來，他就變得很冷靜。因而回到平常的模樣，以輕鬆的心態敘述了自己之前相親的經歷，並且因此傷心不已的事，甚至連自己的生平故事都娓娓道來。雖然我曾囑咐過他「看起來不太正經，所以不要笑」，但是他說他從頭到尾都嘻嘻哈哈地笑著。可是對方的表情卻格外真摯，認真地聽他說話，有時看似眼角帶淚，有時也會隨著嘻嘻哈哈的他，嘴角揚起一抹微笑。

她看出了他的為人。她不只是臉蛋漂亮，心地也很善良。就這樣互相了解的兩人，最後終於結婚了。大家對於他們童話般的婚姻，都感到很高興，婚禮現場簡直就像是社區辦活動一般熱鬧非凡。

我頓時有了這樣的想法，今年秋天要找幾顆非常飽滿、香氣四溢的木瓜去拜訪他。還有想對正在展開孕育下一代計畫（？）的他如是說：

「如果生出和你長得一模一樣的小傢伙，到時候我會送你木瓜樹喔！」

也許他會跳起來說，這是什麼鬼話。因為長得醜所遭受的痛苦，怎麼能把它留給子女呢？不過，無論如何，我是真心認為世界上能夠再有一個像他這樣為人真誠的人，也是很不錯的。

另外，我還想告訴他，木瓜樹之所以美麗，是因為它擁有用肉眼絕對無法看出的隱藏魅力。所以，將你的孩子也培育成像你一樣，成為具有隱藏魅力的人吧！

有點傻，那又怎麼樣？

——杜松（Juniperus rigida）

一提到「有樹木的風景」，人們會想起什麼景色呢？有著泥土鬆軟、綠草如茵、松鼠和獐子等動物穿梭其間，蔚藍的天空和相映成趣的小溪……大概就是這些吧。

然而實際上，在現存的植物中，有些樹木似乎只在看起來絕對無法生長的地方扎根。杜松就是其中的代表。

杜松只生長在幾乎找不到泥土的岩石或石頭縫隙之間，真不知道它的種子是如何到達那裡的。

嚴酷的何止是扎根的地方，生長期間的環境，同樣也十分惡劣。杜松所在的地方，一年四季都吹著風，而能當作水分的只有雨水。在首爾的話，從道峰山的炮臺稜線可以看到杜松，若是看到它所在之處，一定會大吃一驚，因為發現到原來在這樣的環境，生命居然也有辦法扎根。

但是，單憑在貧瘠的地方生長，並不能說明杜松的一切。我每次看到這棵樹，不會覺得它有什麼了不起，而是想說它怎麼會這麼傻呢？一言以蔽之，杜松是在自顧不暇的狀況下，還先為別人著想的傢伙。

在早春時節，穿過紫霞門隧道後，到了山腳下祥明大學的三岔路口，就可以看見杜松和杜鵑花盛開。如果看到杜松，旁邊肯定是杜鵑花。這兩棵樹長得又不一樣，怎麼會成群結隊地生長呢？

那全都是杜松的功勞。簡單來說，就是靠杜松養活杜鵑花。

早春時節，最先在岩石縫隙中扎根的是杜松。這樣一來，泥土和灰塵會從某處滲入，堅固的石頭上就會有小塊的土壤。不過與其說是自然產生，不如說是杜松為了生存而準備了土壤。然而，在如此艱難的狀況下準備的土壤之上，杜鵑花的種子不知何時，飛了過來。彷彿本來就在等待杜松先幫忙占位置一樣。

站在杜松的立場上，在連自己都快養不活的情況下，面對突然來訪的客人理當會非常不高興。但是，杜松絕對不會把找上門來的客人當作游手好閒的食客。如同以往儘管在凶年惡歲，也會給乞丐端上一碗飯，像這種母親的慈愛一樣，杜松用寬大的胸懷迎接杜鵑花，甚至蜷縮著自己的身體讓出位置，以便和杜鵑花一起活下去。有時候杜鵑花數量更多，所以會讓人覺得杜松好像在杜鵑花之間的夾縫中求生存。

第一次看到杜松時就覺得它真像個傻瓜，怎麼會在自身難保的情況下，還傾囊相助？不過奇怪的是，對我來說，杜松那種像傻瓜的樣子，反而更惹人憐愛呢！

人不也是這樣嗎？比起自私自利的人，即便家境困難，也還是笑著給予他人幫助的人，更讓人感到溫暖而親切吧？雖然表面上可能會讓人感到有些鬱悶，但是能夠長留在記憶深處，並且最後會讓人想再次去造訪的，就是這種像

傻瓜一樣的人。

偶爾因某些人而感到苦惱，或有什麼委屈的時候，我就會想起杜松。並自我安慰地說「也有一輩子不抱怨就這樣生活的傢伙呢」。

道峰山上的杜松今天也如是說：

「如果有點像傻瓜會怎樣？若是吃了點虧又怎樣？反正不都是一起生活在這世界上嗎？」

初戀留給我的東西

——紫丁香（Syringa vulgaris）

聞到紫丁香的花香，想起難以忘懷的記憶，
陽光盡情閃耀，我卻擁著悲傷，靠在公車窗邊哭泣……

——李文世〈站在行道樹的樹蔭下〉

你聞過清晨冷冽空氣中的紫丁香嗎？只有等到花香聚集的清晨，才能感受到其本來的濃郁香氣。以人的年齡來說，可以說是相當於二十多歲的小清新嗎？若是聞著和清晨的鮮活融合的紫丁香花香，已逝去的青春歲月回憶，就會如潮水般地襲來。

談及青春的時候，最不能缺少的話題就是初戀。對於珍藏著心痛回憶的人來說，對於「紫丁香—青春—初戀」組合而成的這串公式，都會產生共鳴。

因紫丁香花香而隱約地回憶起年輕時的回憶，這件事並非偶然。實際上我們度過的青春時光，各個角落都存在著紫丁香，只是未能察覺而已。國高中時期的校園裡，在春天充滿青澀的大學街邊，在第一次約會的公園裡，在和戀人一起散步過的靜謐小路旁，雖然並不顯眼，但一直陪伴在身邊的，並不是別的樹木，正是紫丁香。而紫丁香唯獨會在愛情歌曲中經常登場，也是因此之故吧。

我也有一提到紫丁香就會想起的淒美初戀回憶。那是讀國中的時候。和同齡孩子一樣，每當我獨自發呆，腦海中就會想像著自己的夢中情人。或許是對異性有著茫然的憧憬吧。在我心目中，她是一個樸實無華、擁有潔白清純形象的人。

但是有一天，在現實中偶然發現了那個夢寐以求的少女。白皙的臉蛋，加上梳理整齊的黑髮、微微緊閉的嘴唇、併攏的小手……我沒辦法正常呼吸，心臟怦怦地跳個不停。

我的心中突然掀起了一陣波瀾。大概就是在作家黃順元的《陣雨》中，少年第一次揹起少女時的那種感覺。

從那天開始，每天同一時間，在我們家的圍牆看著她從轉角經過，成為我一天中最重要的事。不知有多少次，因怕被發現而將身體緊貼著牆面，安撫自己狂跳不已的心。後來，只要聽到腳步聲，就能分辨出是不是她。如果看到淡粉色裙襬出現在巷子的角落，就深呼吸一口氣，用力揉著眼睛，這是為了讓自己能把她的模樣看得更清楚。

有生以來，未曾那麼激動的瞬間。那激盪人心的幸福感，在人生中不會再有第二次。

然而有一天，那個少女突然從我的眼前消失。一天、兩天……隨著時間的流逝，我悸動的心漸漸開始變得緊繃。為什麼她不來了呢？是哪裡不舒服嗎？難道是發現了我在注視著她嗎……後來才偶然聽說她搬家了，說是因為身為公務員的爸爸工作調動，所以轉學到很遠的地方。

於是我再也見不到那個少女了。但是此後很長一段時間，我卻還是一直在牆邊徘徊。

在數十年後的今天，突然回憶起自己和一個連一句話都沒說過、從來都沒對上眼的少女的短暫記憶，卻還是令人內心澎湃。無論在哪裡，每當感受到紫丁香的香氣時，那種朦朧的思念就會更加深入人心。因為是第一次，所以更加難捨難分的「初」戀。

在生活中，我們經歷「第一次」的故事多不勝數。那些故事都像啃著青蘋果似的又冰冷又刺鼻。第一次被媽媽牽著走進小學校園、第一次不熟練地用學到的字寫自己的名字、生平第一次喝到酒的時候、高中剛畢業的少女第一次塗口紅時的那種感覺……

其中最難捨難分的，不管怎麼說都是「第一次」的愛情。初次的感覺就已經很激動了，何況是愛情。

也許正因如此，雖然女人通常重視最後的愛情，但我反而留戀那尚未完結的初戀。忽然想念起紫丁香花的香味。還有數十年後的今天，非常好奇那個少女會以怎樣的面貌活著。

有人曾經告訴過我，應該把過去的她留在過去。因為唯有如此，才能珍藏並反覆回味留下來的幸福。我想直到人生結束閉上眼的最後一刻，她都還會是一個帶著潔白笑容的少女，如同虜獲我幼小心靈時的那個模樣。

教會我們接受的勇氣的樹

——竹子（Bambusoideae）

我的財產目錄編號第一號是近四十年來拍攝的相冊。原本只是拍攝一、兩張引人注目的花朵，忘了從何時開始，成了在全國各地拍攝生長在山野上的各種植物。不知不覺間，我的相冊裡密密麻麻地擺滿了數不清的花朵和樹木的照片。即使照片不是特別好看，對我來說也是彌足珍貴的資料。

然而，在那麼多照片中，唯獨有一張我欠缺的，那就是竹子花的照片。竹子雖然在首爾市內也能看到，但是竹子開花卻很少見。不，我這一生能否看見一次都還是個疑問。因為竹子花在六十年到一百二十年間，只開一次花。

樹木通常以一年為週期，重複同樣的例行公事。在早春長出新芽，在夏天開花，並在秋天結果，在冬天相約來年，進入漫長的睡眠期。但是竹子真的與普通的樹木，過著截然不同的生活。其他樹木一生中開花數十次，多的甚至到數千次都有，但竹子卻只開一次花，並且就此結束生命。

對於樹木來說，花是蘊含著繁榮和存續起源的華麗結晶。因此，早春開花的樹木充滿了希望和喜悅。

但是對竹子來說，花是傷痛，也是痛苦。只能開一次花，就已經夠悲慘了，卻連生命都要捨棄，這就是竹子的命運。

可是直到死前的那一刻，竹子都表現得一絲不亂。在死亡的瞬間，它們不會為了延長生命而掙扎，也不會期待來年的到來。反而為了開出最好的花朵，竭盡全力直到最後，堅守著屬於它的青綠與筆直。

看著竹子毅然接受自己坎坷的人生，並且盡最大努力的樣子，不由敬佩地低頭反思。也許正是因此之故，竹子堅韌的青綠色，才會讓人留下深刻的印象吧！

每當想起那些竹子，我就會發自內心深處地祈願著，希望自己的餘生宛如竹子一般，能夠懂得低下頭來，去接受所給予的一切，展現出勇敢面對的模樣。然後，希望在最後一刻，能夠說出「此生無憾」。

希望對某個人來說，我也是那樣的人

——鵝耳櫪（Carpinus laxiflora Blume）

星期五早上，我確認過時間後，拿起了電話。

「老婆在嗎？」

電話那一端傳來了咯咯的笑聲，過了一會兒，耳熟的聲音接起了電話。

「喂，你這傢伙，已經約好了，就時間到了見面就行，幹什麼一大早就打電話來啊？還有，能不能別再叫我老婆了？我真正的老婆接到你打來的電話都會說，你老公打來了。」

哈，瞧這小子，我可不會認輸。於是我若無其事地忽略他說的話。

「怎麼啦？老婆又生氣了？」

「哎呀，算我敗給你了，夠了，你這個冤家！」

每次通話結束時的話都是「你這個冤家」。這樣吵吵鬧鬧已經五十多年了。如果以後知道我寫了關於他的故事，肯定又會大鬧一場，但若要談到我的故事，不能不提的就是這個朋友。我忘了開始喚他為老婆，確切是什麼時候來著……雖然嘴裡說不喜歡，但是現在彼此都已經習慣了這種稱呼。

對我來說，最快樂的消遣之一，就是和他一起去戶外攝影。一早就嘀嘀咕咕地打電話，其實也是因為週末約好了要一起去拍照。就這樣不知不覺間，也已經一起拍了三十五年了。

其實他從以前就熱愛釣魚。說很喜歡看著水面，放空所有的思緒。我對這樣的他喝斥道：「你雖然是毫無想法地釣魚，但被釣到的魚該有多難受啊！讓牠好好活完自己壽命再死去，放過牠吧！」

我們為了此事爭吵不休，不知過了多久。然而不知怎的，看似不為所動的他，有一天突然拿著相機出現在我面前。然後一路上默默地跟著我，一整天拍個不停。於是我問他為什麼突然想拍照呢？

朋友說道：「比起魚，還不如折磨你呢！」

自從和朋友一起爬山後，我就了解到相伴爬山的樂趣。現在甚至可以明確地分工，若是由我準備食材的話，他就會做出很棒的料理。吃完飯後，我們會各自拿著相機度過屬於自己的時間。我們沒有約好幾點再見面，而是各自走入深山處。到了黃昏時，就會不約而同地回到一開始出發的地方。

不認識我們的人總會說，男人之間黏在一起有什麼好玩的？有些人看見我追著朋友叫老婆的模樣，還會嘖嘖稱奇。但是我特別喜歡「老婆」這個暱稱。因為對我來說，除了妻子之外，最要好的人就是那個朋友。

不過也不能說是因為我們性格相似。有別於喜歡到處遊走打工的我，那個朋友有著不論做什麼事，都要有個結果與好好收尾的性格。若說我有接近於陽極的性格，那麼他就有接近於陰極的性格。但是，我們兩人之所以能夠從小就玩在一起，也許正是因為「不同」的關係。雖然有時也會以此為藉口，故意絆他一腳。事實上，我只要看到他從遠處走來，心情就會變好。他並沒有特意為我做些什麼，但是只要和他見面，我就會感到心裡很踏實。

就像是比起新買的皮鞋，換過三、四次後跟的舊鞋會更舒服。那個朋友就是這樣，光是在一起就能讓我感到放鬆的人。

他在身邊時，我的心情就會很好，舒緩了生活中繃緊的神經。令人感恩的是，對我而言，除了那個朋友以外，我還有另一個像這樣的友伴。那就是去北漢山行宮遺址可以看到的鵝耳櫪。

偶爾，我會隻身前去會一會這位樹木朋友。坐落在深山幽谷的鵝耳櫪林，光是看著就讓人心曠神怡。它強而有力的樹形，讓人沉寂的心情一下子振作起來，終於喘了一口氣。看著向四方延伸的粗壯樹幹，以及散發著清香的淡綠色葉子，就會覺得活著很值得。

但是，鵝耳櫪並不是只具備這種強大的一面，可以說是既剛強又溫柔。鵝耳櫪那端莊又充滿女人味的模樣，讓我的內心感到安詳和溫暖。所以不會被森林所震懾，反而可以更向前邁進一步。

鵝耳櫪隱隱地散發專屬於它的剛強和溫柔，讓我聯想到母親衣櫥裡的舊被子。就是那種到處都起毛球，很多地方都嚴重磨損，只有家人才會拿來蓋著睡覺的被子。然而，這種舒適感是任何絲綢被子都無法與之比擬的。

每當我說要去鵝耳櫪林時，妻子就會暗自流露出擔心的神色。因為說是去見朋友，但是過了很久都不回家。若是待在鵝耳櫪旁邊一陣子，我就會不知不覺地笑出來。也許有些人會問，在如此巨大而嚴肅的樹木面前，為何如此輕狂？然而就算是在這種嚴肅的氣氛下，我還是感到很放鬆，這又如何是好呢？

雖然不知道鵝耳櫪怎麼想的，但我仍然把它當成朋友了。也許會像一起到處拍照的那個朋友一樣嫌我煩，但是能夠遇到光是看著心情就會變好，並且讓人產生能量的友伴，並不是件容易的事。所以我對於成為這種存在的鵝耳櫪，內心滿懷感激。

就像鵝耳櫪和那個朋友對我的意義一般，此時此刻，我也想成為對某個人來說，光是看著就能產生能量的那種人。如果能成為這樣的存在，生活會不會變得更加精彩豐富呢？

有得必有失的法則

——銀杏（Ginkgo biloba）

還有像銀杏樹一樣，長時間與人們相處在一起的樹嗎？

每當看到銀杏樹時，我都會想像數億年前人類祖先扔石斧摘銀杏的滑稽模樣。據說，銀杏活個幾千年是家常便飯，所以也許我們周圍的銀杏樹中，的確有被原始人扔出的石斧劃傷的樹也不一定。

對於這樣的銀杏樹來說，就算再長也活不過百年，卻裝作萬事通一樣自以為是的人類，該是多麼微不足道。但是銀杏樹還是一如既往，始終保持著仁慈的姿態。

也許是因為始終如一，沒有比銀杏樹更受人們喜愛的樹了。夏天提供綠蔭，秋天落葉飄落之際，成為戀人們的休憩場所，隨著歲月流逝，變作夾在書籤裡的回憶，一直陪伴著我們的樹，就是銀杏樹。

從樹的立場來看，銀杏樹還是很幸福的。因為只要沒有天災，就能維持數千年的生命，並受到人們的喜愛。由於它只生長在東洋的特性，最近人們對銀杏樹的關注度越來越高，比如外國人來到韓國時，表示印象最深刻的景物之一，就是古老的銀杏樹，有名到就算稱它為樹木之王也不為過。

銀杏樹看似沒必要去羨慕任何人，但實際上，身為銀杏科中唯一的屬、唯一的種，它是一棵孤獨的樹。再加上由於獨立樹的特性而無法成林，也就是說它們無法在同一個地方一起生長。

另外，由於銀杏樹長得很高大，周圍連小草都無法扎根。它用巨大的身體獨占了土地中的養分，用伸展的樹枝遮蔽所有陽光，若在它的附近生根，對其他樹木來說無異於自尋死路。

而且，有時候某些銀杏樹一輩子都未能繁衍後代，生命就結束了。銀杏樹有雌雄之分，只有當附近的雄樹散發花粉，雌花才有機會繁殖後代。不過仔

細瞧瞧的話，我們會發現周圍的老銀杏樹，大部分都是雌樹。如果附近沒有雄樹，這棵銀杏樹將面臨百年、千年不遇的坎坷命運。

銀杏樹為了從病蟲害中保護自己，會自行產生毒液。我們認為是血液循環劑的「杏鎂方」（Ginkgo Mag）也是從銀杏葉萃取而來。但是，為了生存而自救的毒液，最終會打敗周圍所有的生命體。毒性究竟有多強？據說若將銀杏葉鋪在地板上，便能夠驅除家中的螞蟻。那麼不如放棄自己的部分身體，與其他生命一起存活好了。遺憾的是，銀杏樹絕對無法放棄長久以來的習性。

銀杏樹深受眾人喜愛且長生不老。可是這種幸福的背後，卻伴隨著「孤獨」的巨大代價。

我偶爾會想，如果我生而為樹會怎麼樣？若以銀杏樹而活又將如何？首先應該會覺得很不錯吧！因為沒有任何樹木能像銀杏樹一樣，長期受到人們關注而光芒四射。在很長一段時間裡，銀杏樹看著人們生活的樣子，有時成為人們祈願的對象，有時附在戀人的情書之中，有時則會成為讓疲憊的腳步休息的樹蔭，光是想像就令人心情澎湃不已。另外，百年如一日般的悠閒生活，如果不是長壽的銀杏樹，是不可能實現的。

但是一想到隱藏在深處的祕密，就不敢輕信自己能夠成為銀杏樹。不論是一千年，還是兩千年，不就是以徹底的孤獨為前提，才能在人們的稱頌之下生活嗎？

在數千年的時間裡，銀杏樹該有多辛苦呢？有誰會知道，在如此悠閒的景象中，在金光絢爛的葉子中，隱藏著這種痛苦呢？欲取其一，必失其一，看著銀杏樹，就真能體會這句話的意義。

經過長時間的堅持，終於長得挺拔粗壯的銀杏樹。現在看到美麗的銀杏樹，似乎應該說出這樣的話。

「即使孤獨也要好好堅持。你不是還有愛護、疼惜你的人嗎？」

疼女婿的愛是這樣的

——女萎（Clematis apiifolia）

雖然我女兒淑英已經結婚，現在這個話題成了過去式，但是我偶爾還是會問女兒：

「淑英，妳以後想跟什麼樣的人結婚？」

每當此時，女兒總是一副這是什麼沒頭沒腦的話似的默不作聲，直接回到自己的房間。

因為她知道老爸的個性，就是一旦起了話題，便會咬住不放而堅持到底，所以乾脆一開始就避而不答。但是我也絕不會放棄。

「喂，別那樣，回答一下。妳以後會帶什麼樣的人回來？」

不愧是我女兒。她一次也沒有回答過這個問題。當然，不管女兒如何作

答，我都會說「沒關係」。就像我選擇妻子時一樣，我會完全尊重女兒的選擇。因為又不是我要跟女婿住在一起，還能找什麼碴反對？不過我只有一個女兒，如果有了女婿，希望能把他當作兒子或朋友般相處。但這可能也是我作為父親的欲望，所以我沒有對女兒表露出來。

夏天爬山時，在登山入口處可以看到攀爬上低矮灌木的藤蔓。那株不同於葛根或奇異果，既不厚實又不堅韌，嫩莖上掛滿白花的樹，就是女萎。因為它的莖本身就很軟，而且容易斷裂，所以取名為「女婿的背帶」，其中有個自古流傳的故事。

韓國人自古以來就非常疼愛女婿。「女婿來了就殺隻配種用的母雞」這句話並非空穴來風。雖然不知道是什麼原因，但在過去的風俗中，有個叫女婿幫助秋收的慣例，既然是要讓尊貴女婿做的事情，所以又能有多辛苦呢？但是無論如何，看到在工人中間流著汗幹活的女婿，岳母的心裡又怎會舒坦呢？看不下去的岳母，為了不讓女婿挑的行李太多，用女萎細弱又容易斷裂的樹莖把行李綁了起來。其他工人察覺到這種情況後，看著羸弱的女萎，就戲謔地說：

「怎麼能用它搬運行李呢？」據說，從此以後，易斷又脆弱的藤蔓就被稱為「女婿的背帶」。

但實際上，女萎只是樹莖較為細長，根本不是病弱之樹。它的種子隨風飛入土裡落地生根，在山野中到處扎根而成長茁壯。

看似脆弱的樹幹上，不知怎麼會開出那麼芬芳美麗的花朵，小花聚在一起形成巨大的尖角形，就像打開的電燈一樣，讓人看了心情也變得開朗起來。

雖然覺得關於女萎的故事很不錯，但是我更喜歡它活著的模樣。不管樹幹怎麼被砍斷，年復一年地開花，生命力真是了不起和壯麗。因此，我經常想，如果女兒帶來的女婿，能像女萎這樣就好了，那麼該有多踏實和安心呢？

神奇的是，女兒幾年前真的帶著一個像女萎一樣的傢伙來，說想要結婚。一想到要多一個兒子，我心裡就很高興，沒想到那傢伙長得像女萎，我更不知有多開心了。幸運的是，兩人現在雖然吵吵鬧鬧，卻也生活得很好，這真是值得感謝的事情。也許因為如此，在山上見到女萎，就好像見到了女婿一樣，心情特別好。既然現在想起來了，得給女婿打個電話。

勇於面對

——迎春花（Forsythia koreana）

韓國唯一會在全國盛開的花就是迎春花。每逢春天，韓半島便隨處可見。那朵黃色的花蕾一旦綻放，整個春天的街道就讓人充滿了興奮及激動之情。

除了光線充足才能早點開花之外，沒什麼能阻擋迎春花的事。在飽受公害的首爾市中心，每年春天都能看到生氣蓬勃的花朵，也是因為迎春花天生就充滿朝氣。即使是在同一片土地上，如果不是迎春花，而是其他花木扎根的話，將很難綻放出如此絢麗的花朵。

首爾鷹峰區後面的岩石山，每年一到春天，整座山都開滿了迎春花，怎麼能在那樣的地方開花呢？真是神奇。豈止是岩石，即使把樹枝折下插在花瓶

裡，也會一如既往地綻放花蕾。所以比起黃色的花朵帶來的華麗感，我對迎春花本身的朝氣蓬勃更加有感。每當看到這樣的迎春花時，腦海中就會浮現一張臉。

服役期間，在快要退伍之前，我學會了鋪設管線的技術。與其說是有什麼特別的用意，不如說是因為厭倦了軍隊生活而選擇的工作。但是，我最終憑藉這項技術，搭上了飛往中東的飛機。雖然沒有期待什麼特別的東西，但是希望中東能成為令人鬱悶的現實的突破口。然而下飛機後親眼看到的中東沙漠，卻不是我夢寐以求的景象。在晴空下看到的只有一望無際的沙丘，別說綠洲，就連仙人掌都找不到的地方，居然還有人可以在這裡生活，真是令人驚奇。

不過，這種感受也只是暫時的奢侈。在溫度超過攝氏四十至五十度的白天，用毛巾遮住臉部勉強工作了幾天，接著沒完沒了持續進行的管道工程，讓我迫切地想要回家。

但是，比這更難熬的是孤獨的夜晚。晝夜溫差大的沙漠，一到晚上就冷若如冰。在如此寒冷的沙漠中感受到的孤獨，真是令人難耐。為了撫慰湧上心頭的鄉愁，我不知花了多少時間仰望著夜空。

有一天晚上。不知從哪兒突然傳來了歌聲。仔細一聽，不就是韓國慶尚南道的傳統民謠〈密陽阿里郎〉嗎？

「看看我，看看我，看看我。就像嚴冬賞花一樣，仔細看看我。」

我突然笑了出來。到底是哪個傢伙會到這裡來唱著〈密陽阿里郎〉呢？循著歌聲，我看到了一個和我年齡相仿的男人。他用著不知是從哪裡弄來的短樹枝，敲打著鋪設中的管道，歡樂地唱歌的模樣，實在是太有趣了。置身於中東的沙漠中，聽著〈密陽阿里郎〉，我終於可以久違地開懷大笑起來。

從度過如此愉快夜晚的第二天起，每逢休息時間我就去找他。雖然大家都穿著工作服，很難區分出誰是誰，但是他從遠處看起來就很顯眼。因為他被曬得黝黑的臉上，總是露出雪白的牙齒微笑著。

後來才知道，他在自己所屬工作小組裡，也有個「河回假面」（註：唯一被韓國官方列為國寶級的假面具，以楊樹為材料製作而成，面部微笑的表情刻劃生動）的綽號，是個笑逐顏開的人。不管誰說抱怨的話，都是笑呵呵的，工作再累，還是笑呵呵，聽到別人的應援加油，又是笑呵呵……

起初，我只覺得他是個可笑的傢伙，還覺得他真是太無聊了。看見他總是哼著歌的樣子，甚至讓人懷疑他是不是瘋了。儘管如此，他工作起來卻是超級認真，對於不用自己擔心的事情，像是工程收尾和機器維修等，也會挽起袖子挺身而出。

他那種生氣蓬勃的樣子，對於身在異國他鄉而痛苦不堪的我來說，感覺十分新鮮。在沙漠之中，即使出現了就此死去的想法，只要他的一句話，就會讓我產生豁然而起的力量。

有一天，我睡不著覺，出外散步的時候，正好看見了他。我問他在做什麼時，他說正在讀弟弟的來信。

身為五兄妹中的長子，他在三年前失去了父親。父親在世時，即使生活拮据，家人也不曾挨餓，但是父親去世後，由於生計急劇地變得艱困，導致全

家人最終流落街頭。當時他母親頭頂著籮筐，艱難地做著賣水果的生意，他好不容易才上了高中，然而一想到年幼的弟妹們，就覺得自己根本沒臉上大學。於是他的中東之行，就是放棄了上大學，出於養家餬口而選擇的道路。

「我想用從這裡賺來的錢，幫我媽媽蓋一棟房子。」

他像平時一樣開心地笑著說：「大冬天不用擔心井水結凍，屋裡也不會透風，我想親手蓋出那樣的房子給媽媽。」

在那個笑容面前，我能說什麼呢？然而他說完話後，卻若無其事地站了起來，說著現在該去睡覺了，然後開始哼起平時唱的〈密陽阿里郎〉。

我們就這樣在中東一起度過了兩年的時光，但當我回到首爾時，彼此就斷了音訊。因為我的性格本來就疏於照顧人，而失去了他的聯繫方式。可是直到現在，每當我生活困難，或是看到黃澄澄一片的迎春花時，就會格外地想念他。

也許他正在這片土地的某個角落裡露出燦爛的笑容，努力生活著。也許，他正和心愛的家人一起，在親手建造的房子裡，過著幸福的生活。

如果你正是我提及的這個朋友，看到這篇文章的話，希望你能夠跟我聯絡。如果能夠再次相遇，我一定會這麼說：在一起很開心，因為有你，艱難的中東生活才能順利地畫下句點。

共生共榮的意義

——杉松（Abies holophylla）

雖然年代已經有些久遠，但是看過韓國電影《情書》（註：一九九七年上映，朴新陽主演）的人，還是會記得彼此相愛的男女主角騎著自行車來往於廣陵植物園前，那段美麗的路。在這段道路兩旁形成拱形的美麗樹木，就是杉松。因為與杉松相映成趣的美麗風景，使得此處成了人人都想去參觀的景點。

唯有在深山的森林中，才得以窺見杉松真正美麗的面貌。有一次，我去了五臺山某個精舍旁的杉松林，看到杉松交相輝映、筆直延伸的瞬間，不由自主地蹦出這句話。

「這才是真正的樹啊！」

杉松最大的特點在於「筆直」。有別於其他樹木，它沒有彎曲或拐彎的地方，樹幹相當挺拔。不管周圍環境如何，絕對不會彎曲，而是以直挺挺的枝幹向上伸展。像這樣樹幹長得通直且挺立的特性，又叫做「一支」。

但是，如果觀察這些只往上生長的大樹，就會發現一個問題。因為周圍沒有什麼可以支撐的，所以只要稍微颳點風，就會不知所措。

杉松林裡的樹木卻未曾有過因為只向上伸展，而會搖晃或折斷的先例。為什麼會這樣呢？那是因為它們之間以適當的距離做間隔，成群結隊地戰勝各種風霜。如果杉松因為自己長得很好，便一棵一棵地分開生長，那麼筆直的樹幹就會經不起風霜雨雪的吹打，最後終將斷裂。

杉松雖然堅強地以單株的獨立樹生長，卻懂得與他人一起存活。這種共生共榮的行為，成為杉松讓自己變得更粗壯和強大的基礎。它們怎麼會知道，比起超越別人，如何手牽手一起生活，最終會使自己變得更為強大呢？

韓國的山野中，有很多像麵條一樣細長的樹，只有樹幹長得高，光是在微風中就會搖晃不已。特別是到造林地一看，筆直卻削瘦的樹木都處於岌岌可危的狀態。為了和別人競爭而獨自成長，最終會很難依靠自己的力量維持下去。

看著那個樣子，彷彿就像我們人生的面貌，真是令人感到惋惜。為什麼我們周圍也有這樣的人呢？雖然他們始終如一，但是絕對聽不進別人的話，堅持自己是對的。原本的耿直變質為獨斷，被困在自己的世界裡。

有人說，耿直的人生是孤獨的，是一條獨行的路。但我認為，越是耿直的人生，越應該和別人一起走下去。想要自行正直、獨自剛正不阿的人，絕對不會聽別人的話。如果就這樣被困在自己的世界裡，連初衷都變得模糊的話，那麼十之八九會成為固執不通的人，最後被所有人冷落。在人類社會中，一味地堅持自己的主張而導致垮臺的人，又何止一、兩個？

每當看到杉松彼此交相輝映的景象時，我就會想起爭吵不休、相互鬥得你死我活的人。報紙和電視新聞中經常出現的話題，不就是互相爭吵、競爭的樣子嗎？

杉松讓人重新審視自己內心的固執，以及想要勝過別人的心。在深山中一起茁壯成長的杉松，看著我們生活的樣子會作何感想？

想對即將結婚的人說的話

——合歡（Albizia julibrissin）

我為了訪察樹木而到處走動，並且體會到了一個事實，那就是樹木多的地方，人心也較為寬厚。村子入口處有一棵大大的合歡樹，田野上到處是大大小小的樹木交相輝映的話，這裡的人十之八九都是心地良善而溫暖的。

大約在三十年前，我偶然間發現一個小村莊，村子裡只有不過十棟左右的屋舍，卻被樹木圍繞著。從遠處環繞著村莊的後山，宛如一幅畫般的美麗，讓我突然對生長在那座山上的樹木產生了好奇心。

於是，我立刻停下腳步，拿著相機前往。初夏的山上百花齊放，我陶醉於花木之中，不停地按下快門。不知過了多久，直到發現樹影長長地躺在地上，才急忙趕下山，但太陽已經不見蹤跡，四周很快就變得昏暗起來。最後，我放棄了回到市區，走向在合歡樹下坐著的幾位老奶奶。

「哎喲，白天見過的攝影師不是城裡的人嗎？怎麼還在這裡？」

「因為我在山上流連忘返，所以就變成這樣。從這裡到市中心怎麼走？」

從那時起，奶奶們之間就鬧翻天了。因為村子本來就偏僻，所以到市區要走很長一段路，加上路途太暗，所以擔心我可能找不到路。然後她們沒有問過我，就開始討論我的去留問題。

「別這樣，到我新媳婦家住一晚再走就行了，就在附近。」

「對對，因為他們只有兩個人住，所以家裡安靜，住起來挺舒服的。」

老奶奶們沒有得到主人的允許，就極力挽留我，說著沒關係，然後就走在前面帶路。於是最後，我在生平第一次見到的陌生人家裡過了一夜。

這對新婚夫婦倆都有一顆寬厚的心，說是他們只有兩個人很寂寞，我來了正好，而且還特意做了晚飯。他們對著不顧羞恥、迅速地吃完一碗飯的我說再多添一些，那份為我準備大鍋飯的人心，是多麼的親切，我都沒察覺到夜已深，就和他們兩口子聊了起來。聊樹木、聊生活，聊我剛出生的女兒……

他們像聽叔叔講古一樣專注，看起來像兄妹一樣親近，兩人相互靠著肩膀坐在一起的樣子，我至今仍歷歷在目。

到了睡覺的時間，我蓋上被子，躺在新嫁娘為我準備的床鋪上，怎麼也睡不著。感覺一天之內發生的事情宛如夢一場。即使鄉下人心再淳厚，我所受到的熱情款待，也是理所當然的事情嗎？

我左思右想，輾轉反側而睡不著覺，於是走到院子去。正在尋找後棟房子在哪裡的時候，發現臥房的燈還亮著。我躡著腳尖悄悄地走近，聽到了他們夫妻倆安靜交談的聲音，要說像是溪水流淌的聲音也不為過，也許是意識到了眼前有客人在睡覺吧！我聽到他們之間竊竊私語的聲音，不由自主地停住了腳步。

「說是兩個人很寂寞，完全只是假話啊！」

不知他們怎麼會有那麼多話要說，我在院子裡站了半晌，也不見那間房

裡關上燈。然而，我無意中轉過頭時，看到了房門前的一棵樹，有一根樹枝掛著傘形的粉紅花簇，那就是合歡樹。

合歡樹一到晚上，對生的葉子就會疊起來入眠。有趣的是，每片葉子都有另一半相接。所以到了晚上互相交疊的時候，不會有落單的葉子剩下。

據說，由於這樣親密成對的特點，以前還有人會把合歡樹作為禮物送給新婚夫婦。雖然大家都給像是鳳凰羽毛般絢麗的合歡花打了高分，但是我覺得白天各自分開，太陽一下山就找到另一半，深情相擁的合歡葉更是可愛而漂亮。

那對新婚夫婦在房前種下的合歡樹葉子，也是互相尋找另一半，感情融洽地交疊在一起。好像是怕被拆散，連外形都一致地貼合在一起的樣子，讓人不由得笑出聲。過了好一會兒，我看到房裡的燈滅了，就回到床上躺下，希望合歡樹和這對琴瑟和鳴的恩愛夫妻都做個好夢。

第二天凌晨，聽到沙沙的響聲，夫妻倆睜開眼睛，正準備迎接新的一天。出來院子裡一看，合歡樹的葉子不知什麼時候又分開來了。

「這些傢伙就像什麼都沒發生過一樣，都分開了。真是別有用心的傢伙。」

我看到合歡樹，順口說了一句，那位新嫁娘走過來問我在說些什麼。我以為她明明知道卻故意佯裝不知，於是試探了一下，結果發現她真的對合歡樹一無所知。我想著昨晚多虧了他們，讓我好好休息了一下，所以和他們說一些有關合歡樹的事，然後還補充說，如果在院子裡種了合歡樹，夫妻倆的感情就會變好，並且能避免分手。那時她聽到我說出這番話時的表情，我至今記憶猶新。她大聲地把丈夫叫到身邊來，又蹦又跳，十分幸福的樣子。

雖然已經過了三十年，但是每當看到合歡樹時，就會想起那對特別親切的夫婦，心情變得暖洋洋的。此後，雖然沒有機會再去那個村子，但是在這片土地上的某個地方，想必那對夫婦會一如既往互相珍惜地生活吧！合歡樹啊！當然你也過得很好吧？

在槐樹前許願

——**槐樹**（Styphnolobium japonicum）

雖然今非昔比，但是韓國狎鷗亭羅德奧街（Apgujeong-rodeo street）曾經因引領潮流的年輕人而熱鬧非凡。當時，充斥著穿著五顏六色服裝和頂著華麗髮型的人們，從四面八方傳來的笑聲，用各種商品吸引顧客的商店……

有一天，我有事去那附近，偶然走到了羅德奧大街，想說我也有享受這種樂趣的時候，然後宛如劉姥姥進大觀園似的到處東張西望。突然間我眼前一亮，看到了羅德奧大街兩旁一長排的樹木。又瞬間嚇了一跳，不由得停下腳步。那時從我身邊擦身而過的一對戀人說著這樣的話：

「這裡還有刺槐呢！」

「是啊。最近只有在鄉下才能看到。」

聽到這段對話時，我雖然想告訴他們說「這不是刺槐」，但他們已經走到斑馬線上了。

排列在羅德奧大街兩旁的行道樹並不是刺槐，而是槐樹。雖然乍看與刺槐相似，但是與它實不相同，最大的特徵是沒有刺。

在羅德奧大街見到槐樹時，感覺非常陌生。好像是上了年紀的古代書生，呆坐在標榜新一代取向的咖啡廳裡。不知道它是怎麼從昌慶宮、昌德宮、景福宮等這些古代的宮殿，移至到狎鷗亭這一帶來的。如果槐樹會說話的話，看到穿著破牛仔褲、頭髮染成黃色，昂首闊步地走在大街上的年輕人，也許會大聲呵斥道：「賴皮的傢伙！」

在某一首詩中，曾經這樣描述槐樹：「風擁入懷，以無比的寬容形成濃密的樹蔭。」

或許古人也有過類似的想法，自古以來，槐樹就被比喻成恪守忠貞節義的功臣及儒生的風貌。特別是貴族家裡，據說種了槐樹才會出現很多大人物，

所以通常會在院子的一方角落種植槐樹。

另外，據說宮殿裡也喜歡種槐樹，現在去首爾昌德宮的後苑和昌慶宮、景福宮看的話，每個入口都有巨大的槐樹。這難道不是讓堅守朝廷的大臣們以槐樹般的品德處理國家大事的意思嗎？因為槐樹的性格非常正派，所以鬼神不敢靠近，只有大神休憩其上。

難道是這些故事的原因嗎？在去治療樹木的過程中，如果偶然遇到槐樹，就會因為感受到其莊嚴而低下頭來。甚至讓人產生一種錯覺，覺得古代書生似乎重生為槐樹了。也許因為現今的時代裡，值得尊敬的人物非常珍貴，所以這種想法更加強烈。

因此，我若站在槐樹前時，經常會祈禱著，希望能出現像古人一樣的大人物。

這種渺茫的願望，也許就是希望像我這樣的老百姓能迎來生活美好的世界，即使食物不足，也能笑聲不斷。

回想起來，以前宮殿裡種了那麼多槐樹，但是在韓國汝矣島的國會議事堂，好像未曾見過。雖然有可能是我沒看見而錯過了，但是不知怎的，政治人物不願意看到槐樹這一點，令人心中感到一陣酸楚。

樹木寄給我的一封信：

朋友，我有個請求

你好。不知道多久沒有跟人這麼聊天了。

每天早上在街上，在家中庭院裡面對面，卻連問候的時間都沒有。人們忙得連和我對視的時間都沒有了嗎？

以前走路的時候，人們總是會走到我的陰影下，對我訴說著各式各樣的故事，但是現在連我就在身邊的事實，都感受不到。

雖然我經常不斷地說話，並發出信號，然而這種心情總是以向日葵式的單戀告終。儘管被冷落的心情很苦澀，也只能默默地等待，希望有朝一日，人們能重新將目光轉向我。

不久前，我和朋友們聊過這些遺憾的事情，正好那時聽到了你們要談樹

木的故事。起初我感到非常高興，覺得人們並沒有忘記我們。你應該也很清楚，有一本叫做《愛心樹》（The Giving Tree）的故事吧！

從前，有一棵樹和一個少年。少年每天都來找樹，用掉落的樹葉做王冠，爬上樹幹玩盪鞦韆，還摘下果子來吃。玩累了就睡在樹蔭下。少年很愛樹，所以樹很幸福。

過了一段時間，少年長大了，樹木獨處的時間也變多了。有一天，少年來找樹，說是需要錢，樹苦惱了一番之後，將自己樹枝上的蘋果，全都給了少年。

看著背上揹著一大堆蘋果離開的少年，樹很幸福。

過了不知多久，離開許久的少年又回來了，這次說是需要房子。苦惱的樹把自己所有的樹枝都讓給了少年，仍然感到非常幸福。

此後，年長後又來找樹的少年，為了造船而砍掉樹幹，接著又離開了。但是樹卻因為自己還能給予什麼，又留下了什麼的事實，再次感受到了幸福。

這是最後的場面了嗎？面對為了尋找可以安息之處而再次返鄉的少年，

樹木使出渾身解數，將已經被砍斷的軀幹，空出了一個可以直起身的地方。少年坐在樹木伸出的樹根上，讓疲憊的身體略微休息。用全身感受著已經老去的少年的重量，樹木覺得很幸福……

是啊！《愛心樹》的故事就這樣畫下了句點。聽說很多人看了這本書後，都頗有感觸。有人說，希望學習樹木即使散盡自己擁有的一切，也能感到幸福的態度。

但是，我聽著這個故事，心裡卻感到莫名的空虛。我不禁懷疑，這棵樹真的是幸福的嗎？

你應該也知道，樹木和人類一樣，都是生命體，任何人只要被鋸子鋸，都會痛得尖叫。如此活著的樹木，把自己所擁有的東西都一一地拱手讓人，最後只剩下樹根，還能說是幸福的嗎？

單方面只接受樹木所給予的東西，而且還予取予求，把樹木砍到只留下樹根的少年，也許很幸福。但是少年絕對不明白這樣付出一切的樹木的心情。面對只關注著其他地方的少年，樹木是懷著什麼樣的心情呢？我似乎能感覺到那棵樹木流下了無形的眼淚。最後，作者認為「樹木最終很幸福」的話，可能只是站在人的立場上考慮的錯誤偏見吧！

不過，其實我也有過因為人而幸福的時刻。那就是當人們口中的每一棵樹，都成為令人依戀、充滿話題的傳說的時候。

銀杏樹也是如此。在這片土地流傳下來的傳說中，大部分都是與銀杏樹有關。位於韓國楊平郡龍門寺前的那棵千年銀杏樹，因為一棵樹蘊含著無數傳說而備受人們關注和喜愛。據說，曾是新羅時代義湘大師插上的拐杖所生成的那棵銀杏樹，在千年的歲月裡，每逢國家發生各種變故時，都會出現一些神祕的事情。那棵銀杏樹在如此長的時間裡，陪伴著人們的喜悅和悲傷，它生命中的所有時光，都充滿了大大小小的幸福。

回想起來，以前有很多樹，都有這種蘊含著心意的美麗傳說。不光是大樹，就連一株小草也都有屬於它們的故事。

從因為婆婆嫉妒而餓死的兒媳含著飯粒重生的「山羅花」（Melampyrum roseum），乃至送走心愛的人後，茫然地望著海邊，當場死去而變成紅花綻放的「百日草」（Zinnia elegans），再到在寒冷的冬天等待大師而凍死的童子僧重生的「童子花」（Lychnis cognata），流傳著各式各樣的故事。雖然不知道是誰編出來的，但是每一個都蘊含著清淨又質樸的心意。

看到這些哀切而又充滿情意的傳說，會覺得以前的人們似乎很想念我們。若不是懷著情意和關心，就不會連那麼小而不起眼的花朵都出現傳說。

然而遺憾的是，現在似乎再也沒有出現過那樣的傳說了。或許這意味著人們已經不再關心我們樹木了。

我再說點別的吧？這是一位叫尤里．納吉賓（Юрий Нагибин）的俄羅斯作家所寫的《冬天的橡樹》。

某個村莊有一位叫安娜．瓦西里耶布（А́нна Васи́льевна）的老師。雖然才上任兩年，但是村裡的人都對她讚不絕口。

不過，她有一個令人頭疼的學生，他的名字叫做Subchin，上學老是遲到。有一天她忍無可忍，把Subchin叫到教務室來，問他遲到的原因。這時Subchin回答道：

「我不太清楚。我每天一個小時前，就從家裡出來了。」

她以為Subchin是在說謊，就跟他一起走那條上學的路。

據說，Subchin帶著安娜老師從學校後門開始的小路出發。那條小路隱藏在周圍是一片白雪皚皚的樹林裡。在人們無法觸及的地方，鳥兒嘰嘰喳喳地搖晃著樹枝，田野上還印著兔子和鹿的足跡。

與Subchin一起看著這一切的安娜老師，對於在寂靜的樹林中形成的這一切，感到十分驚訝，連呼吸都喘不過氣來。

圍繞著山楂樹的小徑連綿起伏，樹林被分成了兩半。然後中間有一棵高大的橡樹，穿著雪白的衣服，高高聳立著。橡樹好像從頭到腳都閃爍著數不清的小鏡子，看到每一面清澈的鏡子中，映出自己的模樣，她有一種樹木正在注視著自己的感覺。

看著這樣的她，Subchin還挖了樹根，讓她稍微看見了刺蝟，還有小洞中沉睡的青蛙、獨角

仙、蜥蜴、瓢蟲等。而在這段期間，距離他們從學校後門出發，已經過了一個小時。

這時她才跟Subchin說：

「謝謝你帶我來散步。今後你繼續走這條路來上學也不錯！」

Subchin在走這條路的過程中，看到了大自然神祕而驚奇的景象。然後從中自然而然地學會了對樹木的愛，對一切生命的愛。也許安娜老師認為這跟學校的課程一樣珍貴，所以對Subchin說出繼續走這條路也是不錯的話。

但是，聽了這個美麗的故事後，我突然害怕起目前扎根的，關於我們的傳說日益消失的這個世界。

自然而然地遠離樹木的人們、沒有時間去創造與樹木的悠閒回憶的人們……從這些人身上發現了我們所處的這個世界之所以日益刻薄與荒涼，難道只有我嗎？

你也有過像Subchin一樣和樹木在一起的童年。而且當時的回憶，在某一瞬間會成為阻止你變得刻薄和乾涸的支柱。

正因如此，我對於如今有關樹木的傳說日益消失的這一事實，感到惋惜和悲傷。希望在我立足的這片土地上，一株無名小草、一棵樹木也能出現很多新的傳說，難道這樣的期望是太貪心了嗎？

以請求作為信的結尾，真的很不好意思，但是我認為你是我的朋友，所以厚顏無恥地如此說。你應該也知道，首爾昌德宮後苑前的懸鈴木上，掛著一個個寫有孩子姓名的牌子。那些樹木至少能夠得到牌子主人的關心和喜愛。在現實生活中，那棵樹，以及以自己的名字幫樹木取名的孩子，會互相看著對方，創造出屬於兩個人共享的故事，將彼此視作朋友。

我不認為傳說這種東西一定要宏遠而偉大。只是希望你能稍微了解一下，我們一直想和大家在一起。所以，如果人們像以前一樣，在路上看到我時能露出微笑的話，我一定會非常幸福。

哪怕是透過你，我也希望我們樹木的心聲，能夠傳達給人們。不光是你，我們本來就是所有人類的朋友。

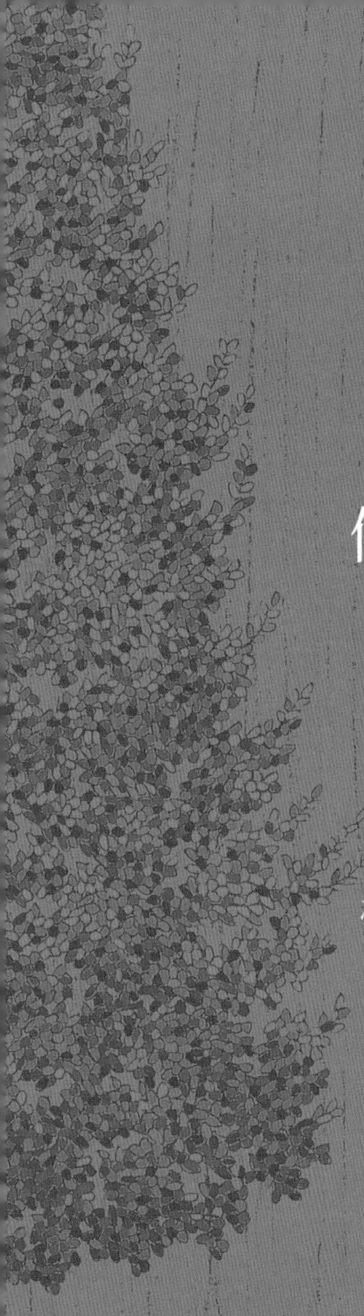

Chapter 3

我想要
像樹那樣生活

年紀越來越大。
現在活過的日子
比起未來剩下的日子更長。
之後的日子能用什麼來填補？
如果有人問我，
我會這麼回答：
我想要像樹那樣生活。
我只想活得像棵樹。

若是相愛，要像「連理枝」一樣

這是從前擔任廣播節目嘉賓時發生的事。在接到節目邀請後，為了編撰劇本而與負責作家見面，一見面他立刻對我說他的名字相當獨特，讓我猜猜看是什麼意思。他的名字叫權連理枝。

「我知道連理枝啊！」

與樹木有關的現象，哪有樹醫師不知道的道理？他說因為不是自己親自對外聯繫，所以不知道我的工作為何，對我連聲道歉。

相鄰的兩棵樹生長後合而為一的現象稱為連理，若是兩棵樹的根相連，就稱為連理根；兩棵樹的莖彼此相連，叫做連理木；兩棵樹的樹枝彼此相連，就稱作連理枝。一旦產生連理枝現象，剛開始看起來僅似樹枝相互銜接，但最終會因銜接的位置相連而變成一棵樹。地下的根有兩個，露出地面的部分卻合為一體。雖然偶爾能見到連理木，但枝葉相連的連理枝卻非常罕見。

有的連理枝是受風摧殘而創傷處裸露在外，要不就是兩根枝幹在略微相連後就直接長在一起。但神奇的是，變成連理枝的枝幹後，便再也不會分開。

樹木博士任慶彬老師還故意在自家院子裡種了幾棵大樹，並故意培育成連理枝。為了讓它們快速成長，將樹枝都綁在一起。

就某種角度來看，這似乎很不方便。但對樹木而言，為什麼會產生這種連理枝現象呢？

想想看原本獨自扎根但彼此相鄰的兩棵樹吧。有一天突然抬頭一看，發現其他樹木公然入侵到自己獨自生長都嫌不夠的空間裡。若近距離地持續生長，兩棵樹當中的一棵樹最終只能死去。供給一棵樹生長的營養成分與陽光被兩棵樹瓜分，根據適者生存法則，弱者就會死亡。

有時候兩棵樹也會同時病死。彼此之間為了活命而爭來鬥去，結果兩者都戰勝不了病蟲害，導致枯萎而死。

然而，樹木這種傢伙非常聰明，在變成那樣之前，大部分都會彼此意氣相投。在一方病死之前，相互連接成為一體，就會長成比自己本體更巨大的樹木。可以說是轉禍為福吧？隨著身體的壯大，可以伸展的樹枝也隨之增加，在病蟲害等外部災害的威脅下，變得更為強大。

相當神奇的是，「連理枝現象」仍然會保留著合併前的性格和本質。所以原本開白花的樹枝上開著白色的花，開紅花的樹枝上依然會開紅色的花。

彼此擁有不同的特性，如何能合為一體地生長呢？如同水與火一樣原本獨立分開的樹木一旦合為一體，互相認可對方的個性並和諧相處，那個模樣會讓人不由自主地發出感嘆聲。

看到連理枝，腦中就會浮現，如果人也能那樣生活該有多好的想法。尤其是終其一生都要在一起生活的夫婦，假使能像連理枝的樹木般，他們的生活將會是真正的幸福。

當我說出這番話後，妻子就噗哧地笑了出來。我太誇大了嗎？

「雖然不知道其他夫妻怎麼樣，但我們倆一直以來的生活可不像連理枝那樣高尚（？）」妻子駁斥我道：「為了維持生計一直忙得不可開交，四十年的歲月就這麼匆匆流逝了。」她說。

聽了妻子說的話，我不由自主地感到愧疚。因為，為了生計費盡心思的是妻子，而不是我。坦白說，到目前為止，我從來沒做過不想做的事情。不，是做不到。例如連大家都能做且過著的上班族生活，我比死還要討厭，不想做，也做不到。

岳父岳母不知是如何得知我的這種性格，起初非常反對我們兩人結婚。特別是岳母，對我十分冷落。雖然反對的理由相當充分，比如我要侍奉寡母、無法好好地學習、沒有可繼承的財產等等，但當時岳母為什麼會那麼冷面無情呢？

儘管如此，我也沒有乖順地退縮。經過幾天思考，我在岳父岳母家大門前搭起了帳篷展開示威。示威口號只有一個，那就是「請把女兒交出來」。

朋友們也紛紛跑來聲援，帳篷示威不知不覺地成了街頭巷尾的一道風景。岳父岳母終於在幾天後豎起了白旗，只說了一句：「你也太狠毒了……」妻子只要一提及當時，就一定會說「真像是你才會做出來的行動」。

如此這般，我好不容易才結了婚，也下定決心要好好過日子。但是新婚之初，我們過的日子不折不扣正是所謂的「鐵道旁的茅屋生活」；當時我用從中東賺來的錢租了首爾上溪洞附近的土地來種植園藝作物。然而，向來慣於只做自己想做的事的我，怎麼可能就此打住？我光挑別人不太種植的稀少珍貴作物來種，最後自然只會越種虧損越大。精心種植的結果，最後也只能在花展之類的地方接到訂單。

因此，三年之後，我完全變成了窮光蛋。有生以來頭一次哭泣正是在那個時候。踩在變成別人田地的泥土上，我不禁流下了眼淚。若說那是我人生中最初的危機，也確實是如此。那之後有好一段時間，我每天漫無目的地爬著北漢山。看著那樣的我，妻子該有多心痛呢？但是妻子卻絲毫不動聲色，總是若無其事地重新迎接每一天。

在我重新振作起來，並且在經營花圃方面取得了某種程度的認可時，妻子這麼對我說：

「因為經濟不允許，所以我幫不了你的忙。但是現在請去做你真正想做的事情吧！」

我為了觀察和研究樹木而正式在全國探訪，就是從那個時候開始。花圃的工作則交由妻子全權負責。在妻子為了經營花圃費盡苦心的那段時間裡，我則到山上、森林裡探查樹木。一個星期有三、四天都在外面，等於生活的一大半都在家庭之外度過。

這種生活持續過了十年，對我來說，這十年是非常珍貴的時光。我想，也正因為有那段光陰，才會有現在的我。

但是，任何人聽了或許都會指責我是個沒有責任感的丈夫吧！不，那種指責是理所當然的事。因為在不算短的十年歲月裡，妻子要一個人獨自承擔艱難的生計。

有一天，我接了一個位於首爾市乙支路二街的大廈中的松樹照顧工作。

也許是我奇特的處理行為流傳開來，後來我還接到了一家企業的委託，我聽到「樹快死了」的話，就會一個箭步地快速飛奔過去。

那是棵似乎已經罹病數年的松樹。別人都說「那棵樹不行了」，叫我不要白費力氣，但是經過三年如一日的照顧，我最終把那棵樹救活了。

以此為契機，我正式開始了身為一名樹醫師的職業生涯，自那時從事起照顧樹木的工作。

後來妻子停下了花圃經營的工作。因為我已經可以一邊做自己想做的事，一邊維持生計了。

我曾經問過妻子：

「我當初開始種植農作物，不種別人常見的品種，整天光挑一些奇怪的作物來種時，妳為什麼不勸阻我呢？」

妻子這麼回答我：

「因為是你做的事情，我認為應該是沒問題的吧！」

話題就此結束。儘管當初種植農作物破產，之後十年的花圃工作如此艱辛，她似乎也沒有太在意，只這麼說道：

「也是託當年的福，我現在才能隨心所欲地做自己想做的事情，生活過得非常愉快。」

這句話並沒有錯。妻子學了很早以前就想學的做麵包技術，還學會了製作韓服的方法。最近每天過得比我更忙碌。而在百忙之中，還能纏著我要求每年至少去旅行一趟，這也算是妻子的本事了。代替半輩子都在外面行走的丈夫，一直扮演著不動如山的支撐角色，真是神奇至極。

如果所謂的婚姻是指完全不同的兩個人，彼此相遇而形成一個整體，那麼我們真的是配合得完美無缺。雖然妻子否認，裝作沒聽見，但我還是認為我們兩人彼此結合，成就了一個更完美的模樣。

有些人認為樹木的連理枝現象是樹木拋棄自我脆弱的原貌。但若真是如此，就無從解釋為何形成連理枝的樹木能比其他樹木長得更大更茂盛一事。連理枝樹木之所以能長成大樹，是不是因為既能保持各自的特色，同時又能各退一步地合為一體的緣故？就像我和我的妻子一直以來的生活樣貌。

所以我由衷地盼望，我也能一如既往地像過去四十年一樣，和妻子共度餘生。

突然想起某個咖啡廣告詞。「如果相愛，就像拿鐵咖啡一樣。」那麼作為一名樹醫師的我，就可以這麼說：

「若是相愛，要像連理枝一樣……」

等待的美學

某個晚秋，有人打電話給我，說他對種樹很感興趣，因此在京畿道楊平買了一塊土地後，種了很多樹；但是不知道是怎麼回事，樹木總是種不活。本來計畫結束首爾的生活去那裡定居，但是沒想到一切都成泡影。因為對方的懇切請求，於是我前往那裡去看了一下。

那裡有眾多樹木形成森林，表面上看起來完好無缺，究竟有什麼問題呢？我為了確認狀態而走近樹木，瞬間，某個東西映入眼簾，那是個超大型的動力噴霧器。我問他這是什麼時，他說這是用來打藥的，因為樹上好像長了蟲子，如果沒有大型噴霧器，就無法把農藥噴灑到樹頂。據說他已經連續一個星期，每天都在噴灑農藥了。突然，我開始好奇他想要到這裡來生活的理由。

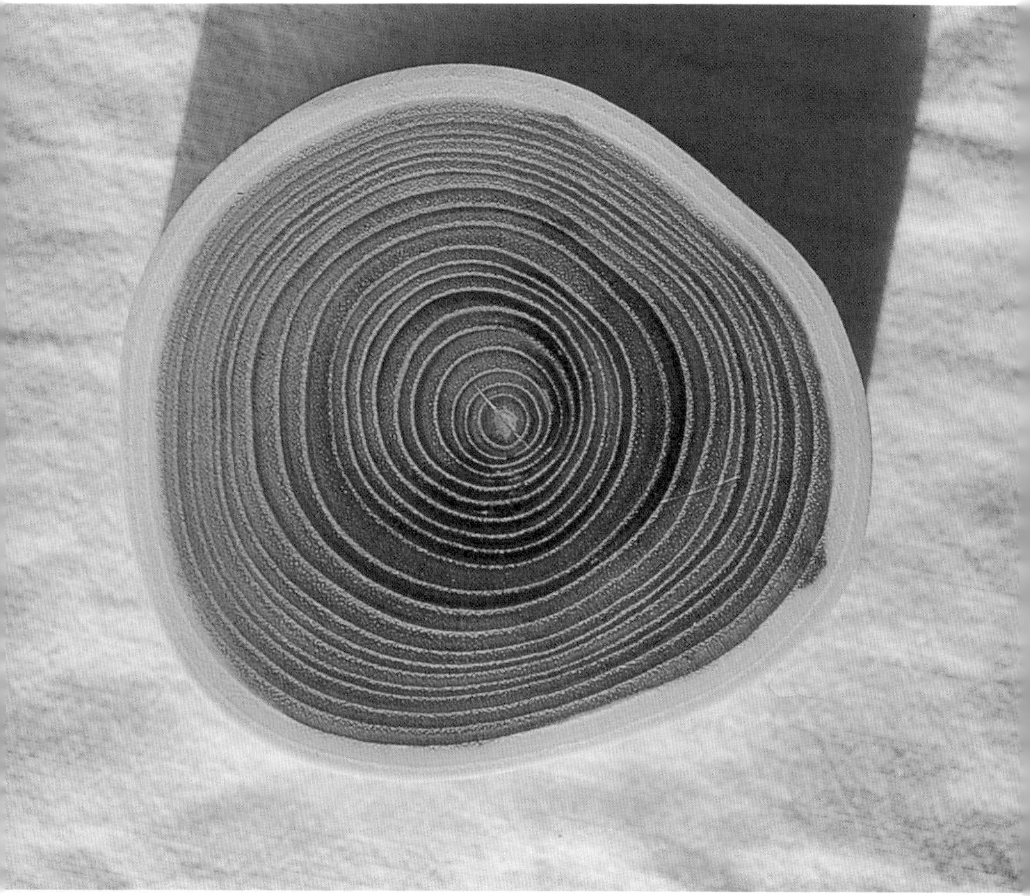

「為什麼您要到這裡來生活？」

「我想與自然為友，度過餘生。」

「那為什麼要灑農藥？」

他以「你是真不知道才問的嗎」似的表情，看著我好一陣子，才這樣回答。

「眼前的樹木都快死了，怎麼能夠睜一隻眼閉一隻眼呢？」

回答完後，可能覺得有點不好意思，還補充了這樣的話。當然，我知道農藥會毀掉土地，甚至還會殺死周圍的花草，但我不能眼睜睜地看著每天病入膏肓的樹木不管……

我不露聲色地嚥下幾乎脫口而出的嘆息，又問道：

「所以有效果嗎？」

「好像稍微好了一些。我正在考慮要不要使用更強一點的藥。」

雖然想反問「既然都這麼想了，為什麼還來找我？」但我還是忍住了。

因為如果就此打道回府，那些樹木將會面臨什麼樣的命運，可以說是不言而喻。

對第一次種樹的人來說，真正不能隨心所欲的就是種樹。沒有比種樹更棘手的事了。

這句話並沒有錯。在不了解的人眼裡，樹木看起來似乎只是注視著太陽地默默矗立著而已，然而，樹木一旦承受壓力，可能會過早地開花，有時甚至會極端地試圖自殺；一旦身處不合心意的環境，也會根本不想長大，所以有時也要像人一樣打個針才行。

就算是忍一忍也只能忍個一、兩天，看著樹木那個萎靡的樣子，怒火中燒在所難免。再加上本來就因無法隨心所欲而鬱悶著，又看到樹木被蟲子蛀得腐爛不堪的模樣，真是情何以堪？

或許他看到一直生病的樹木，心生焦慮且鬱悶不已，因而產生明知注射農藥不好，也想要救活樹木的心情。

當然，事態緊急時也不能不用藥。我車裡就放著幾個常備的農藥。但是那也只不過是治標不治本。一旦使用農藥，蟲子就會產生抗藥性，下次再使用農藥就沒有作用了。時間一久，若經常使用農藥，結果連樹木都會死掉。

可以肯定地說，下藥也許能取得立竿見影的效果，但十年後、二十年後卻無法保證。我能對他說的話只有一句。

「想打藥就打吧。如果你只想殺蟲而不想管樹木死活的話。」

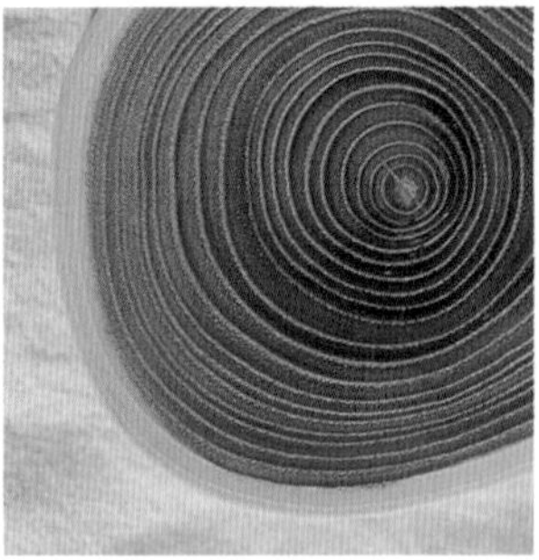

似乎仍迷戀於打藥而把目光投向動力噴霧器的那個人，在環顧了一下樹木後，問道：「按照你的方法，能救活樹木嗎？」

「只要有耐心。」

我做的第一件事就是招鳥。蟲子最大的天敵就是鳥。如果能利用鳥類，即使需要一點時間，但顯然能夠成為長期的處方。那麼，如何才能吸引鳥兒來呢？

首先是蓋起鳥巢，掛在樹枝上，接著研究鳥兒喜歡的食物，我苦思之後想出來的就是牛油。秋去冬來之際，鳥類需要脂肪質。韓國人醃泡菜以準備過冬，而鳥類則是食用具有油質的東西。所以我們把白牛油掛在高處樹枝上，來吸引鳥類的目光。

然而仔細一想，這已經不是招鳥就能解決的事。因為已噴灑的農藥明顯導致以樹木為主軸的生態秩序被破壞。因為農藥而死亡的不僅僅是害蟲，即使招來鳥兒，若無法恢復被破壞的食物鏈，完美的驅蟲將是個艱鉅的任務。

「那麼吸引吃害蟲的大蟲子過來吧！」

在秋天施行有機農法而生長的稻草裡，會藏著蜘蛛卵。這些蜘蛛若從卵中孵出，就會捕食樹木上的害蟲；另一方面，以蜘蛛為主食的其他昆蟲也會到樹木來覓食。假使透過這種方式形成食物鏈，一般的病蟲害絕無法輕易進犯樹木。

我花了幾天時間才找到以有機農法栽培的稻草，運送到楊平。

到此為止是我應盡的本分。但問題是，恢復生態秩序至少需要兩、三年的時間。換句話說，樹木找回原貌也需要相對應的時間。更何況，那塊土地已經是被農藥毀壞殆盡的狀態了，不是嗎？

幸運的是，樹木的主人雖然不知道樹木的這些特性，卻是個充分喜愛樹木的人。最後我這麼對他說：

「具有自生能力的樹木，除非有人來強行砍伐，否則絕對不會病死。最大的問題是，必須要等待很長一段時間。」

想想看，造成樹木疼痛的最大因素，似乎是人們的「焦躁」所致。心急如焚之下，又打藥又隨意剪除樹枝；而且還對原本置之不理也無妨的樹木注入營養劑，澆上了滿滿的肥料。

但是，這最終會導致樹木病入膏肓。越著急地追問「為什麼不行？問題在哪裡？」等，做這個做那個的，樹木就會越快無聲無息地死去。

隨著年齡的增長，我似乎也越來越嘮叨，不過，真的只是想告訴大家這一點。種樹的人至少要提早十年、二十年來思考並等待。即使在自己這一代無法等到，也要學會從容，並相信結果必然會在後代實現。

自從與樹木為伍，我深刻感受到自己內心的焦躁感消除了許多。因為我知道，培育樹木是無止境的等待過程，只有從中找到從容，才能讓夢想成真。

也許生活在分秒必爭的時代，談論等待會被認為是不合時宜，但我並不這麼想。因為我看過太多明明只要等待就能成功，然而卻因沒有耐心，只得中途放棄寶貴夢想的例子了。

更令人傷心的是，不知從何時開始，很多人因為討厭等待和忍耐的生活，所以乾脆連夢都不做。如果有人在旁邊說「我會等待」、「我會堅持下去」，他們會齊聲搖頭說，「人生不是那樣的」。他們真的不知道自己的人生是什麼樣子。

莫非是因為這個原因？近來，大家都對直到晚年才為了不知得花多少時間達成的夢想，從頭學起的人另眼看待。在晚間新聞中登場的，老人實現晚學夢想的報導，不知為何讓人感到如此苦澀？

有人曾說，人生就是等待的延續。出生、學步、學校畢業、就業、結婚、生孩子、買房子、安穩度日等等，在無止境的等待下，終其一生。

但嚴格來說，那並不是等待。我指的不是時間上、物質上的等待，而是若非心靈上更加渴望，若是未曾用盡心思而努力的等待，都不具意義。不，正確來說，應該說是其意義無法長久持續下去。

有時我會看著樹木反覆叨念著。我是否只顧眼前利益，是否因為錯誤的等待而白費了心思，是否只盼著走舒服的路……

治標不治本，顧名思義就是只處理表面而未治理根本。如果那樣就能滿足生活的話，也不是什麼壞事，但現在我才知道，人生沒那麼容易。

今天我也是一邊治療樹木，一邊學習等待的美學。即使不是第一名，可我想用我的雙腳越過終點線。

接受死亡的態度

這是我十九歲左右的事情。某一天爸爸輕輕地喚我：「鍾英啊，不要那樣呆著，去買七星板和壽衣來。」眾所周知，人死後會躺在七星板穿上壽衣入殮。雖然想問問爸爸「誰去世了？」但是不知為何，有種不能冒犯的感覺，所以我什麼話都沒說，就去買了七星板和壽衣。

從殯儀館訂製的七星板比想像中小很多。約一個人身高的長度，比肩膀寬度略窄一點的木板。走在最後一程的路上要穿的壽衣為什麼顯得那麼寒酸，硬邦邦的麻布感覺像樹皮一樣。

爸爸說有東西要教我。然後從將屍體放倒在七星板上的方法開始，到入

殮、穿壽衣的方法等，鉅細靡遺地親自將葬禮程序一一教了我。

「鍾英啊，人只要時機成熟了就會走。」

難道是預料到自己會死嗎？幾個月後，父親在睡覺時安心地闔上了雙眼。然後，我按照父親所教的，在堂兄身邊，將父親的遺體放在七星板上，為父親穿上壽衣入殮。

在一片沉默中，所有流程就此結束。站在協助善後的堂兄旁邊，我靜靜地看著父親的臉，突然感覺父親臉上掠過一絲微笑，好像在對呆呆地看著他的我說道：

「不要悲傷，也不要害怕。」

父親彷彿笑著說：我已經厭倦了六十年的人生，如今想去另一個世界生活。

最終對父親來說，死亡只不過是生活中的一個日常。就像出生、成長、變老一樣，死亡也是這樣擦肩而過的人生過程。

也許正因如此，當時未滿二十歲的我能夠理解父親的心情，可以平靜地接受父親的去世，沒有受到太大的衝擊。

在之後的四十七年生活當中，我從樹木身上隱隱約約看到父親的樣子。當該壽終正寢時，這些樹木就會靜靜地結束生命，回歸大地。原本不起眼的樹木、曾經以高大雄偉樹形而自豪的樹木，在死後都同樣地回歸塵土。它們回到大自然的懷抱，甘願讓出自己的位置給那些剛長出新芽，展開新生活的樹木。

然而，令人慚愧的是，隨著年齡的增長，從感受到今後剩餘的時間比活過來的歲月更短的那一刻開始，我對生活的迷戀就變多了。說真的，一想到自己即將死亡，就會害怕自己化為塵土。難道真的就此消失得無影無蹤嗎？若說人生是如此的短暫，那麼人們為何會在生活中如此苦苦掙扎呢？

自從有了這種苦惱之後，每當面對年老生病的樹木，就像看到未來的自己一樣，顯得落魄又抑鬱寡歡。因此我無法放任其自然死亡，想方設法也要拯救樹木，費盡心思，努力地延續樹木的生命。無論如何我都想阻擋死亡朝它們而去的腳步。那是代替神，我所能為它們做的最好的事情。當然，在樹木的內

心深處，或許也隱藏著像我一樣害怕死亡的膚淺自衛。

有一天，我遇到了年老又病重的紅松。奇異地，那棵樹木矗立著的本體，看起來就顯得非常吃力。

我習慣性地拿起鑿子接近它的那一瞬間，腦海中閃過一個想法。

「治療這種樹真的是好事嗎？」

我抬起頭慢慢地細看著它的樹枝，似乎從每一根樹枝上都能聽到「現在放我離開吧」的聲音。這難道不是以「治療」之名折磨那些壽命已盡、想要回歸自然的樹木嗎？結果，我連碰都沒碰樹木，就此轉身離開。

但是在回來的路上，有一個疑問不斷地折磨著我。即便如此，那棵樹會不會其實還想再活下去呢？我是不是延誤了該做的事……

一年之後，我再次前往那棵樹的所在地。因為擔心若是撞見死亡現場，我可能會很痛苦，所以一天拖過一天，一年就過去了。當我強忍著焦急的心情，走近紅松曾經矗立的位置的那一剎那，不由得停下腳步。

在老紅松消聲匿跡之處，長出許多幼小的紅松。每根細枝上都冒出淺綠色的嫩芽，是朝向天空伸展著樹枝的幼小紅松。假使我在一年前治療了又老又病的老紅松，就絕對看不到這些新生命。

據說，美國的簡約生活先驅學者史考特・聶爾寧（Scott Nearing）曾經如此評價人類的死亡。

「如果勞動力消失，就回歸自然。」

因此，他在百歲那年自己斷糧，安然地離開人世。

歸根究柢來說，死亡是結束，也是另一個開始。回歸自然的懷抱，開始另一種形態的生活。

也許小紅松生長的地方，隱藏著回歸塵土的老紅松的養分呢！

「喂，要不要我告訴你輕鬆賺一百萬韓元的方法？」

大概是前年吧，我在和朋友們喝酒的時候，突然說了這句話。朋友們聽到一百萬韓元，都睜大了眼睛，連問是什麼？我一口氣把酒杯一飲而盡，然後這樣說道：

「如果我死了，請把我的骨灰撒在道峰山上，辛苦的代價就是一百萬韓元，你們可以用這些錢去東海海邊吃好吃的生魚片。怎麼樣？不錯吧？」

這些朋友知道我原本就很無厘頭，所以一般都把我說的話當作是開玩笑。但是這次誰都不敢輕易承諾，就只是繼續喝酒。

「你們這些壞傢伙，一百萬韓元還不夠？那你們要多少？」

看著還在開玩笑的我，有個傢伙皺了皺眉頭。我也知道。我怎麼會不明白友人的那份心意呢？但是，如果到頭來都要死，我想從現在開始做準備。只要能在餘生順其自然地全力以赴，並且奉獻性命，我真的想跟樹木一樣原封不動地回歸塵土之中，並且希望我的老朋友們能真心祝賀為了另一個開始而離開的我。如果躺在墳墓之類的地方，我會覺得似乎搶奪了像樹木一樣其他生命體成長的位置，心裡會感到很不舒服。

因此我在十五年前把父親完全送回了大地。父親的墓地原本安置在祖墳上，三十五年後的某一天我進行了破墓。我認為在這麼長的一段歲月，靈魂已經離開肉體，所以即使火化遺體，將其完整地送到大自然，也不成問題。破墓之後，我在父親墓地所在地種下了杏樹。也許有人會罵我是天怒人怨的傢伙，但我絲毫不介意。因為我確信這肯定也是父親想要的安排。

現在看著結出豐碩果實的杏樹，我許下了願望。我也希望自己的骨灰能撒在道峰山的山腳下，成為讓不知名的種子重新綻放新生命的養分……如果真的可以的話，沒有比這更讓人開心的事了。

在一起，但要保持距離

「這次會外宿兩天才回來。」

「知道了。」

不問去向，不問何事。面對如此漫不經心回應的聲音，我停止穿鞋，呆呆地看著妻子的臉。

「怎麼了？」

「沒，只是……」

此刻妻子正目不轉睛地看著我的臉，一臉好奇的表情。

是的。四十年來每天早上都是如此打招呼。她從來不問出門的丈夫去哪

兒。聽到「我出門了」的話，她總是只回答「知道了」。

在別人眼裡，應該會懷疑我們夫婦之間是不是有什麼問題。但是我們倆在十六歲那年相識，經過十一年的愛情長跑，終於步入禮堂，彼此都是初戀的對象，也是最後的情感歸宿。在公車上第一次見到妻子時，我內心裡只有這句話：

「就是這個人。」

我好像著魔了似的尾隨著她，不管三七二十一地跟她搭話，妻子可能也和我有相同的心思。看著某個傻小子對她說著：「我喜歡妳，所以才跟著妳。」也只是一味地微笑著……

此後歷經十一年，與其說是談戀愛，不如說是看著彼此長大，互相作為借鏡，在彼此對視之間，發現不知不覺地，我們兩個人變得越來越相像。或者應該說，思考方式、期望、追求的事物等都越發相似。

雖然有人戲稱戀愛時間太長，婚姻生活一定會很無趣，但我反而覺得那才真是萬幸。我這個根本找不到責任感的一家之主，如果不是妻子長時間地陪伴著我，有誰會理解並接受呢？至今看到已有皺紋的妻子，依然覺得她很美麗的原因就在於此。

我們夫婦能夠維持四十多年婚姻生活的關鍵祕訣還有一個，那就是所謂的「放手」。

結婚初期，妻子對於淩晨便出門，半夜才回家，而且什麼話都不說，連續幾天都不在家的我，還真是無法適應。我不是不理解妻子的想法，但自出生以來從未被束縛過的我，能在一夕之間改變嗎？

當然，我並不是完全沒有努力過。剛開始我也特意減少距離較遠的工作，即使出門了也會先和妻子確認時間，但越努力就越生氣，而且越發鬱悶。又不是做壞事，只不過是去看看山野間的樹木，為什麼要這樣被束縛著生活呢？

想盡辦法約束我生活的妻子和想方設法逃避這一切的我，經過一段時間的爭執磨合，我得出的結論是「以不發生衝突為上策」。結果，逐漸地，我更常不在家，在外過夜的次數越來越多。起初是因為工作，後來是故意找藉口不回家。

那樣的生活經過了多久呢？不知從何時起，妻子不管我去哪裡，什麼時候回來，都毫不在意，像是下定決心故意那麼做似的。

然而自那時起，神奇的事情發生了。從妻子態度產生變化的那一刻起，我的生活反而變得不自由。一大早走出玄關之後，不到幾小時，我就開始想家。爭吵不休的妻子模樣也時不時映入眼簾。離開家後，我也會趕緊結束工作回家，然後輕輕地敲著玄關門。這樣過了幾天後，妻子率先開口說話了。

「沒關係，你去做你要做的事吧！現在我能理解是為了工作的緣故。」

妻子的聲音中透露著堅決，似乎是在經過一番思考後得出了某種結論。雖然是盼望已久的事，但奇怪的是，我的內心卻感到很不踏實，而且有點難過。就這樣過了好長一段尷尬時光，出現了彆彆扭扭進門的先生，與反問「為什麼這麼早回來？」的太太，可以說是情勢大逆轉，而且逆轉了好久。

在相同的事情反覆發生時，我想到了一件事。那就是從小把我養大的母親模樣。我在青春期非常叛逆，小小年紀就喝酒，在山裡過夜還流浪在外。因

此姊姊們見到我總是會嘮叨個不停。

「你喝酒喝不膩嗎？」

當然，後來姊姊們可能也都對反覆說著相同的話感到疲累，因此不再說任何話。

但是，唯獨我的母親一次也沒有對我說過這些話。只要我深夜回到家，她總是一邊問「餓了嗎？」一邊準備消夜給我。

神奇的是，即使我曾在漫長的歲月中感到彷徨，卻從未引發過真正的大麻煩。我想那應該是母親的力量。純粹相信我、完全放任我的母親。那堅定的信念成為守護四處亂竄的我的核心，母親在我結束長期彷徨回到家時，總是一如既往地端出熱騰騰的飯菜，什麼話也沒說。

母親的樣子和妻子的模樣如此相似，難道是偶然嗎？或許兩個女人在對待兒子和丈夫的過程中，在所謂的「愛」的這個共同的分母之下，學會了相似的做法。

有人說，討厭人與人之間存在著能感受到的距離。但我認為人與人之間也需要適當的距離。因為每個人都有自己必須獨自打造的世界。而且因為距離而產生的留白，可以讓彼此依依不捨地思念。

似約束又不予約束，為此而維持著相互思念的距離，越是相愛越是有必要。需要擁有不會因太靠近而傷害對方，同時保持能經常感受到彼此存在，視線之內可見距離的智慧。

在樹木的生存過程中，非常迫切地需要保持彼此間的距離。如果兩棵樹木貼得太近，就會互相競爭，一味地往上竄高。這是為了要再長高一些，好接收到更多陽光。

然而，這樣的競爭最終只會毀掉彼此。因為在需要伸展樹枝、綻放樹葉、鞏固枝幹每個角落的時期，如果只是向上生長，樹幹就會變得異常纖細，這些樹木將來即使面臨微弱的風雨，也會無力地倒下；就算不會這樣，異常的樹形也撐不久，最終仍會面臨死亡的命運。

樹木茁壯成長所需的間隔被稱為「思念的距離」。雖然可以感受到彼此的體溫，但是絕對不會干涉或約束，因而只能互相思念的距離……

《小王子》書中講述了一個厭倦孤獨的小王子和狐狸互相成為朋友的過程。雖然兩人都處於迫切需要別人安慰的狀態，但並不急著走近對方，不會因為自己需要對方，所以要求對方待在自己身邊，也不會表露出自己的感情。只是保持適當的距離，互相打招呼及見面，慢慢馴服彼此而已。把期盼的心意原封不動地保留在心中，適當地分開，感受和理解對方。狐狸對小王子說了一句話。

「假如你下午四點鐘要來，那麼，從三點開始我就會感到幸福了。」

思念的距離最終不就變成了幸福的距離嗎？雖然有些悲傷和惋惜，但是不知不覺地，在連自己都還感受不到的時候，內心深處開始湧現淡淡的幸福。難道是因為這個原因？在我和妻子共度了四十多年後的今天，我喜歡妻子和我之間的距離，就像樹與樹之間的距離一樣。那是即使不經詢問也不必確認，就能感受到彼此心意的距離。

需要休息的瞬間

西元前二一三年，秦始皇將書籍視為反體制的危險物品，他認為讀書是侵害國家安全的行為，聰明的人相當於國家的頭號敵人。為了成為確實的專制君主，誰也不能變得聰明。根據法家的主張，凡是能夠思考的人，都會對皇帝產生謀逆之心。

那麼，要想阻止人們「思考」，應該怎麼做呢？就是要讓人們只專注於工作，不能讓任何人閒著，休息會引發反省，而反省很快就會演變成叛亂。

如果秦始皇現在還活著，根本就沒有必要採取那種措施。因為，如今我們生活在閒人才能奢侈地讀書、休息、從中尋找意義的時代。如果按照法家的主張，我們是不是裝作對每件事都有智慧，實際上卻正往相反的道路走呢？

周圍的人都說我是「倒著生活的男人」，經常嘴裡只說著有關草木的事，一副遊刃有餘的樣子，甚至有人說那是極其懶散的樣子，覺得很羨慕。事實上，這是因為我下定決心只賺不讓生活受累程度的錢，才得到這份「餘裕」。人們總會說希望他們也能像我一樣，但是時間太少了。

如果我問為什麼沒有時間，他們就會用挨了一頓揍的表情反問我。

「那還用說嗎？」

為什麼呢？我真的是想知道理由才問的。在我一直鍥而不捨追問之下，對方才會不滿地回答說：因為活著太忙了，每天都不停地在為生活奔波打轉，但不知道為什麼會有那麼多事情要做。

每當我看到這樣的人，就會想起「飽和狀態」（saturation state）這個字眼。手裡緊緊抓著很多東西，一個也不放手，為了比別人先到達某個地方，只看著前方奔跑的人們。看著他們，我都會喘不過氣來。而且不知為何，從他們身上能感受到一股燒焦的氣味，也就是機器過度運轉時散發出的難聞氣味。

那年即使進入晚秋
我家柿子樹還是空蕩蕩的，
鄰居家熟透了的柿子
樹枝像要彎了一樣討人喜歡。
從學校回來的飢腸轆轆的我，
找在田裡幹活的母親嘰嘰喳喳地嚷著，
為什麼我們的柿子樹無法結出果實呢？
嗯，據說要隔年結果，
柿子樹也是為了活命，
去年樹根用力過猛了，
今年既不開花，也不結果。
據說正在培養根部的力量，
隔年結果時不要向上仰望，
要觀察地下的情況。

直到那年秋天過去，
我仰面朝天，不再嘰嘰喳喳地叫嚷。
為了讓樹根扎入土裡，我趴在樹下喊著，
樹啊！小心點！樹啊！小心點！
伸入地心吧！伸入地心吧！
常常喊得肚子都餓了。

——朴勞解〈隔年結果〉

在形容樹木時，通常使用「靜中有動」一詞。也就是說，表面上沒有一點動靜，但內心卻不斷地在行動。

沒錯。表面上看起來什麼都不做，只是站著，但樹木卻比世界上任何人都要忙碌。一年四季以光合作用吸收陽光，然後透過葉子製造營養成分，接著將養分辛勤地運到根部與各處枝幹，再從根部吸收水分，將這些營養成分運到樹梢。走近一看，我彷彿能聽到樹木粗獷的喘息聲。

如此這般，樹木一年四季都努力生活，以開花結果結束這一年。事實上，若說樹木生存的目標是為了結果也不為過。因為從樹木的生存形貌來看，所有的一切都聚焦於開花結果之上。

但是，樹木也有一個莫名其妙的地方。到了某一年會突然放棄結出果實。既沒有受到病蟲害，土質也沒有變差，卻像耍脾氣的人一樣，沒有好好開花，也結不出果實。這讓期待秋天會有豐碩果實的人們，看到這種樹就會變得無精打采。

樹木拒絕結出果實，被稱為「隔年結果」。顧名思義，就是有一整年不結果的意思。亦即在某一年結實纍纍，但是到了隔年秋天，卻只留下空蕩蕩的枝葉。

其實理由很簡單。那樣是為了生存。

結出一個碩大果實，至少需要相當於數十片葉子的養分。從光合作用等樹木的所有生命活動都是由葉子完成這件事來看，犧牲葉子所產出的果實，其價值無人能比。對於樹木來說，果實就是最好的財富。

但是，如果經過幾年努力地結出果實，最後會怎樣呢？隨著時間的推移，樹木內部的自生力將逐漸消失，氣力日益耗盡，這樣維持生活的基礎就會崩潰。如果樹木的狀態持續惡化，在某一瞬間達到極限時，卻再次結出果實的話，那棵樹將無法度過這一年。

所以，樹木會大膽地透過隔年結果來放棄結出一年的果實。而且在隔年結果期間，所有耗費能量的活動速度都會放慢，只專注於充電。整理之前因過度轉移水分和養分而損壞的器官，將鬆動的根部扎緊，豎起乾枯的樹枝。

在隔年結果期間，沒有任何生產活動，徑直拉下電源開關的樹木，就只會有一種活動，那就是「休息」。不管隔壁的樹木結不結果，休息的時候就只知道好好休息。在經過一年漫長休息的隔年，樹木就會結出比任何時候都更加豐碩的果實。

時候到了就可以放棄一切，透過隔年結果來大膽休息的樹木，由此也可以充分理解，為什麼部分植物學家會認為世界上最進化的存在是樹木。因為人類很難辦到的事情，樹木都理所當然地在做。

人也是活著的生命體，沒有休息就無法正常生活。數千年前的秦始皇為什麼禁止人們休息，需要反思一下。

在生活中，真正的休息並不是像人們所想像的吃喝玩樂。而是反省生活，為了更大的躍升補充能量，這才是真正的休息。

安靜地閉上眼睛問問自己吧！現在我最需要的是什麼……這才是如今活得忙碌而喘不過氣的人們需要做的事情。

如果覺得需要休息時就休息。就像學習和熟悉工作一樣，休息也是值得學習和熟悉的事情。樹木今天也悄悄地教會了我，休息是即使放棄其他一切，也要得到的人生重要養分。

只有捨棄，才能獲得更多

老實說，我的個性不善交際，因此比較認生，在初次見面的人面前，經常變得很僵硬。但是有一個例外的情況，那就是遇到喜歡樹木的人之際。每當我見到愛樹的人，不管年齡大小，很快就會成為朋友。所以我的朋友中，有年過八十的老爺爺，也有二十五歲的年輕人，我真的很喜歡和他們見面聊天。仔細想來，可能是因為這種性格，又託樹之福，認識了很多好人。

細究起來，能見到李永光爺爺也是多虧了樹。大約二十多年前，我經營的一所樹木學校，突然有位老爺爺來找我，說是自己住在江原道旌善區的山溝裡，對種樹很感興趣，聽說有人對樹木很了解，所以幾經詢問之後，才找到了我。

他懷著熱愛樹木的心情，一口氣從那麼遠的地方跑來找我，之後我才知道他是出生在北韓，然後歸順南韓的人。

他投誠的理由只有一個，那就是他夢想可以自由地暢遊世界。但是這個夢想在歸順的瞬間破滅了，因為依照當時南韓《國家安全法》規定，投誠者不能到國外旅行。

後來有一天，我應其邀請，去他位於旌善深谷的家裡玩，看見牆上就掛著世界地圖。我以為他是藉此一圓環遊世界的夢想，然而他卻說了一句令人意外的話。

「像這樣每天都能環顧世界，我還需要奢望什麼其他的呢？」

這句話中沒有遺憾或迷戀。相反地，他似乎透過徹底放棄環遊世界的夢想而獲得了自由。並且在旌善的山谷中，獲得了更大的世界，過著充滿喜悅的生活。那一瞬間，我從他身上感受到了樹木的氣息。

樹木就是那樣的傢伙。從早春到仲夏，精心地培育出嫩芽和葉子。一看

到盛夏的樹木，立刻就能看出這段時間的努力。由上往下看，沒有重疊的部分，所有的葉子都精準地找到自己的位置，散發其本來的綠色光芒。

但是，樹木在冬天到來之前，便狠狠地捨棄了辛辛苦苦培育出來的葉子。隨著逐漸進入晚秋，彷彿不曾發生過似的，瞬間就收回所有養分，接著形成剝落層，把葉子全都抖落。

人難以忍受寒風吹拂，樹木更是如此。秋天的陽光與夏天的烈日相比明顯不足，透過根部供應的水量，也減少到一半以下。所以為了相約下一年，樹木只能慢慢地消耗之前積累的能量，度過寒冷的季節。

為此，除了狠狠地讓會蒸發水分的葉子掉落之外，別無他法。換句話說，樹木落葉是為了戰勝寒冷的冬天，重新迎接春天的到來。

結果就是我們在深秋時節看到形形色色的美麗落葉。戀人們在落葉堆積的道路上竊竊私語，小孩子們在上面打滾，咯咯地笑，然而其實對於樹木來說，落葉就像是在不得已放棄之後所流下的眼淚。

如此這般，在抖落了全身的葉子之後，樹木只能用光禿禿的身子去忍受寒風凜冽的冬天。盡可能地接受陽光，盡全力地汲取水分，為了成為大樹而等待春天。

樹木雖然忍受著宛如削肉般的痛苦，但對於樹葉並不留戀。無悔而果斷地選擇放棄掉葉子。因為它們知道，若非如此新生的春天將不會到來。

想想看，相較之下，人類比樹木更不懂得放下。人生就是空手而來，空手而去，奇怪的是，人們從來不會放掉手中所擁有的東西。

舉個簡單的例子來說，搬家的時候就是如此。在別人眼中看來有很多東西要扔掉，但是主人堅持說「以後一定會有用處的」。即使因為擁有太多東西而受苦，可是一旦放棄就會後悔，所以抓住很多東西勉強地過日子，也許這就是我們大部分的生活形態。

這麼說來，我覺得自己似乎是個明智的人，該拋棄的就放棄。其實並非如此，我也曾有過捨不得放棄，虛度寶貴的年輕歲月。

我小時候的夢想是成為天文學家，之所以會有這樣的夢想，是國中一年級時開始送報的緣故。當時因為家境貧寒，連三餐都吃不飽。

但那時的我非常想吃糖餅。雖然沒錢卻很想吃，不停地在賣糖餅的路邊攤周圍徘徊。有一天，不知是否覺得我看起來很可憐，糖餅小販突然叫住了我，問我想不想送報紙。送報紙的話，為了宣傳，會有一、兩份免費報紙可拿，若是將這些報紙提供給糖餅小販，他就會每天給我糖餅。

於是我就這樣糊里糊塗地開始送報，然而這個工作並不如想像中容易。當時很多房子都依山傍水，在漆黑的夜晚要翻過山嶺，實在非常令人害怕。幾天下來，我都是一路數著「一、二、三、四……」一路狂跑著。

有一天，我氣喘吁吁地仰望天空，映入眼簾的是夜空中無數顆彷彿馬上就要灑落下來的星星。那是我第一次在深夜與無數顆星星相遇。如果是平時，人們也許會對這種神祕感讚不絕口，但是對於年幼的少年來說，對陌生的恐懼感更大。我害怕地望著前方奔跑，就這樣過了好幾天。後來某一天才突然停下了腳步，然後站在半山腰上，靜靜地看起星星。我為什麼要害怕那麼遠的星星呢？這時我才安下心來細細觀察天空。起初只讓我感到害怕的星星，瞬間變得非常美麗和神祕。

從那時起，夜空中的星星對於總是害羞而寂寞的我來說，成為了最好的朋友。不知不覺中，我一下子就能找到北斗七星、獅子座、仙后座，為了和星星更親近，我讀了書，還問了老師感到好奇的事情。

現在我所看到的星星，是幾千年前的樣子，而且可能已經沒有那顆星星了。隨著對星星神祕事實的逐一了解，我自然而然地開始夢想成為天文學家。就這樣，我對宇宙的夢想一天天變大，後來甚至親自製作了天文望遠鏡來觀察行星。

但是，生平第一次擁有、因而更加純粹的夢想，不到兩年就破碎了。在升上國中三年級之前，出於學習天文學的想法，我報考了理組，但體檢結果卻意外地被判定為「色盲」。

並非其他原因，只是因為有色盲，所以不能報考理工科系。這就像是宣告我只能放棄對星星的夢想一樣。當時我幼小的心靈怎麼也無法接受這個事實。如果是我做錯了什麼，或有不足之處，我可以理解，但是身體的缺陷不是我的錯呀！

此後，我放棄了學習，親手製作的望遠鏡也被我打碎了。我再也沒有抬頭看過曾經那麼喜歡的天空。我還學會了抽菸、喝酒，說實話，我覺得自己的人生就此結束了。無法成為天文學家的委屈是如此大，因為無法擺脫這種委屈，我彷徨了許久，度過了艱辛的日子。當時我並不知道，這就是我對應該摒棄的東西的執著，越是無法改變的現實，越應該果斷地承認它。

最終，我就這麼失去了寶貴的年輕歲月。如果我知道那是執著，選擇毫無留戀地拋棄的話，即使放棄夢想的痛苦將被留下，也不會充滿悔恨地

度過毫無意義的日子。我的年輕歲月可能會被更新鮮、更有可能性的其他東西填滿……

拋棄的痛苦肯定是巨大的。光是在拋棄之前，判斷應該拋棄什麼，應該採取什麼行動就很困難了。因為即使那對我的人生來說並不是很重要，但如果真的要放棄的話，人還是會重新審

視。可假如那是即使執著也沒有用的事情，不管如何都必須扔掉的話，那麼在扔掉的瞬間，就該像樹木一樣殘酷而冷靜。沒有任何留戀，宛如過冬的春樹那般，這樣才能讓自己變得更強大、更豐富。

因為只有放棄和空出位置，才能做好接受其他東西的準備。

不過，說出這個事實的我，似乎還是對生活處處擁有著許多迷戀和執著，因為看到在寒冬中連一片葉子都沒有，孤零零地忍受的樹木，心情還是很沉重。雖然不斷努力地清空又清空，但那個愚昧的舊時習性依然殘留著。

雖然人生充滿迷戀，後悔也多，但現在的我還是有一個足以自信之處。如今我可以堂堂正正地仰望天空了。儘管痛失了天上的星星，卻也以地上的星星取而代之，因此一度退卻的我，現在終於找到了生活的軌道。

每當我內心產生迷戀或執著的時候，都會仰望夜空中的星星。有時我會反覆思考一個事實，那就是，懂得果斷放棄的人生，其實是最美麗的。

從樹木學到的育兒智慧

這是三十多年前的事情了。

「我真的是這個家的女兒嗎？」

在早餐桌上，淑英突然這樣問我。面對似乎不會輕易退縮的挑戰眼神，我內心雖然瞬間動搖了一下，但並未因此而改變立場。

「如果不滿意，那就獨立生活吧！」

淑英像是輸了一樣地嘆了口氣轉身而去。毫無例外，這次也是我的勝利。淑英會如此計較是有原因的。那是前天在農場發生的事情。當時我們全家人都去江原道的農場玩，淑英突然說想去上洗手間，扔下了一把鐵鍬走了，而

我還在一旁叨念著：

「不要挖得太深。完工之後，別忘了用泥土蓋好。之後摘下的樹葉一定要埋在一起，因為可能會被別人踩到。」

雖然不是什麼新鮮事，但是那天淑英特別煩躁。

「這麼大的女兒白天在外面工作，你都不擔心嗎？」

「沒關係，這裡沒有人會把妳揹走。」

嗖的一聲，把鐵鍬拽出去的淑英，好一陣子都沒回來。雖然我心裡感到有些彆扭，但還是像平時一樣，裝作不知道。這也不是一、兩次了，只是一味地反抗（？）又能有什麼改變呢？

我只有淑英這一個孩子。自從我成為父母以後，我才明白，對孩子懷有無限的期待，即使付出也不會覺得可惜的這種父愛，原來就藏在我心底。更何況，她還是唯一的孩子，所以這份愛該有多深呢？生兒育女竟是如此令人驚奇且珍貴的經驗。

但是過沒多久，我意識到隨之而來的責任也相當重大的事實。因為這是由我繁衍而來的生命，是不是應該為她創造一個可以立足、站穩腳跟的地方呢？即便如此，我也未曾自然產生一種前所未有的育兒觀和教育觀。看著剛滿週歲、搖搖晃晃地走路的孩子，我下定了決心。

「好吧！就照著種樹的方式來做吧！」

我周圍有幾個很會種樹的人。他們的共同特點是時常關注樹木，但不會隨意觸碰樹木。乍看似乎漠不關心，但絕對不是放任不管。不捧在懷中，而是保持距離，但要時刻關注樹木需要的東西。

然而這並不如想像中那麼容易。養過蘭花的人都很清楚那個事實。蘭花是很難培養的代表性植物之一，無論給它再好的肥料，每天費神照料也很容易死掉。

但是，了解之後才知道，讓蘭花生病的正是養蘭人的過分關懷。人的指尖上有一種細微的鹽分，若老是用手去摸葉子，將會導致蘭花壓力過大而無法正常生長。鹽分對於蘭花的生長是種致命危害。不知道這個事實的人，只要珍惜的蘭花有一點異常，就會比平時更頻繁去觸碰它的葉子，大驚小怪的，讓錯誤的愛的表現殺死了蘭花。

不僅如此。人們在家養植物的時候，總是會無緣無故地注射營養針，擔心植物被風吹打而關上窗戶，每天拿著剪刀修剪葉子。

但是，我未曾見過被那樣費心培育的植物能活得長久。經過許多人手照料的盆栽，只要主人某個瞬間暫時放手，過沒一個星期就會死掉，因為它已經習慣了別人的照顧。

誰說不是呢？我們能理解那份關注之心，以及無法控制而想要表達出來的心情，但是過猶不及啊！

我覺得養育孩子也應該如此。幫助孩子自己站穩腳跟是我的職責，不能因為是自己懷裡的孩子，就無條件地袒護他，也不能過分干涉孩子，只能不斷地觀察孩子……當然，有時也很難觀察。每當此時，我就會想起樹木，調整好自己的心態。

不過，也有至少應該給它剪枝的時刻。在養樹的過程中，有時會長出「徒長枝」（註：意指在多年生的老枝上，由潛伏芽萌發出枝勢強勁的枝條），這在樹木由營養成長過渡為生殖成長的過程中經常可見。亦即，在樹木長成足以結出果實的大樹時，徒長枝會使樹根變得疲憊、營養成分也會被破壞，甚至毀壞樹木的樹形。因此，如果看到徒長枝，就要在樹木變得更吃力之前將它砍下來。

同樣地，人在成長過程中，也有需要剪枝的瞬間，這可以說是關鍵時刻的建議。父母如果一直關注著孩子，在發覺孩子太過偏離正軌時，就可以直接將自己的經驗告訴孩子。不過，只是單純地把自己生活中的故事、經歷過的錯誤和其中的體悟傳達出來，如此而已。

「你所處的條件是這種程度，依我看來似乎有些勉強。所以請你再考慮一下吧！」

但是，我的剪枝就到此為止。如果孩子拒絕，那麼之後就是孩子自己的事了。那時，就像樹木根據需要砍掉自己的樹枝一樣，孩子也需要等待其自我醒悟來判斷。

這是淑英上高三時的事情。她在大學入學考前夕住院了兩個月。因為遺傳到了我的體格，所以她的個子非常高，但是在青春期時，身體如果突然長高，內部器官又沒來得及適應的話，便會留下傷口。因為跟學校請了兩個月的病假，所以學校複習進度不可避免地出現了落差。儘管如此，在即將填志願前的某一天，淑英斬釘截鐵地說：

「如果考不上梨花女大或淑明女大，我不會去上大學。」

她在參觀過許多大學後，只覺得這兩所大學最符合理想。然而她成績並不是特別好，況且又在醫院度過了最緊要的時期，所以我覺得有點勉強。考慮到她可能受到的創傷和精神負擔，我建議她拓展視野，重新認真思考一下，但是她的態度依然沒變。於是我的職責到此為止，剩下的就交給她自己來判斷了。

在第一次淑明女大的特別志願申請時，她落榜了。雖然周圍的人一直表示擔憂，但淑英的態度依然非常堅決。後來她向梨花女大提交了申請書，很神奇地接到了合格通知書。我原本不明就裡，後來才知道她是在論述方面取得了高分。因為她從小就愛看書，每當我在看書的時候，她也都在讀書，並會模仿我的樣子，這似乎成了習慣。因此，在國高中時期，也經常可以看到淑英讀教科書以外的課外書。

這樣讀過的書，不知不覺中就成了知識。總之，淑英在論述考試中挽回了原本不足的分數，堂堂正正地成功考上任何人都沒有預料到的理想大學。

淑英偶爾會笑著說：「在朋友當中，唯獨我是因為放任不管而變得更好的例子。」

但是不論如何，我對於獨自判斷想走的路，並且對此負責的女兒感到非常欣慰，而這似乎也印證了我從樹木身上學到的育兒觀並沒有錯，因此覺得十分感謝。

哈利勒．紀伯倫（Kahlil Gibran）所寫的《先知》（The Prophet）一書中，曾有這樣的句子：

「應該給予子女關愛，但是不要將自己的想法灌輸給子女。」

對樹木的禮儀

我曾經在華川農場並排種下兩棵樹。一棵是原本只會垂直向上生長的合花楸（Sorbus commixta），另一棵則是水平橫向生長、占據很多空間的燈台樹（Cornus controversa）。因為在樹苗時期，這兩棵樹都只知道往上長，所以想著反正以後要重新移株，並沒有特別在意兩棵樹彼此的間隔，結果發生了神奇的事情。原本只會向上生長的合花楸，為了避開占空間較多的燈台樹，樹幹居然歪斜著生長起來。

因為這實在太神奇了，所以我一時沒動手，看著小合花楸就這樣傾斜著長大，直到與燈台樹有了一段距離之後，樹幹才又開始筆直向天空伸展。

雖然無法動彈，但是合花楸把身體轉向側邊，確保了自己的成長空間。

這不是受到別人指使，而是它自行判斷後做出的行動。

看到合花楸那個樣子，我突然很好奇以後如果燈台樹長得更大，伸出樹枝的話，合花楸又會採取什麼樣的行動。雖然從合花楸的立場來看，這可能是令人氣憤的事情。

樹木一旦扎根，除非有人強行移植，否則，它們一輩子都會在原地生活。周圍的環境再不順心，再苦再累，也無法離開到別處去。樹木天生的宿命，就是要在扎根之處過上一輩子。

這該有多麼鬱悶啊！不知從什麼時候開始，一想到這個事實，我就覺得喘不過氣來。若換作是我，絕對活不下去。

然而神奇的是，樹木並不屈服於任何條件，而是為了能在扎根之處維持自己的生命而不斷努力。

富饒就富饒，貧瘠就貧瘠，不屈於自己的命運，開拓自己生命的樹木。只要到滿山都是岩石的荒山上一看，就會發現那種樹木還真不少。

為了能夠接受到光線而轉動自己的軀幹，如果營養成分不足，就會故意

掉下樹枝來儲存能量，它們的模樣已經不是我們腦海中想像的美麗樹木了。

也許在旅途中曾經見過這樣的樹吧！那些樹看起來真的有些怪異。

這就是所謂的「曲枝」，指的是樹枝或樹幹因某種外部影響而彎曲。

有些人說，不喜歡這種根據外部環境來回轉變軀幹的樣子，說是看起來既嬌弱，又沒有骨氣。

但是，這是不了解「曲枝」的人所說出來的話。「曲枝」是樹木留下的戰鬥痕跡，是樹木無論如何都決心要活下來的產物。

當我們登上以山勢險峻聞名的雪嶽山山腳，到處都可以看見老松樹。只要看看這些樹木，一切就一目瞭然了，能明白其生長期間究竟颳了多少風，雪或雨又下得多麼猛烈。正因為有這些老松樹，數十年來雪嶽山的岩石才沒有因各種災害而崩塌，保持著原貌。

我認為從背後飛來的石頭是宿命，從前面飛來的石頭是命運。背後飛來的石頭，如非巧合不可避免。同理而言，宿命和與生俱來的本性息息相關，想改變也改變不了。也就是說，單憑個人意志是無可奈何的。但是與此相反，生活中所面臨的命運，則是可以轉化為個人意志的。就像避開從前面飛來的石頭一樣。

如果說樹木受限於扎根之處過一輩子是所謂的宿命，那麼扎下根之後，不顧一切地堅持活下去，便是命運。

也許樹木本身就很了解這一點，於是一旦扎根就會頑強對抗起周圍的環境，並且用盡全力來證明，即使無法動彈，它也能比這片土地上的任何生命都活得更好。因此，在有生之年，樹木絕不會放鬆地過著自己的生活。

這難道是件容易的事情嗎？試想一下，挺直的身體在某一瞬間會脫離了原本的樹形而開始彎曲。光是在同一個地方活一輩子就已經不是件容易的事情，現實還是連軀幹也要像那樣彎曲著，拚命地生活。換作是我，再怎樣都無法接受這個現實。

如此看來，世界上最讓人感到遺憾的存在就是人。用自己的雙腳就可以走到任何地方，什麼事情都能隨心所欲地去做，只要下定決心，就能學會任何東西，這難道不就是人嗎？

然而，儘管是只要努力就能改變的事情，人們卻只要遇到一點困難，就好像面臨宿命一樣，立刻放棄了努力的想法。然後把責任推給周圍的事，說道：

「實在沒辦法。這不是我能力所及的事情。」

有些人如果事情不順利，在立下無論如何都要解決的意志之前，就會先選擇放棄，因而一蹶不振。對於這些人，我都會告訴他們要跟樹木學習。

一旦下定決心就不要放棄，那才是對樹木的禮儀。

微不足道的樹木如此美麗的原因

有時候會無緣無故地變得憂鬱，覺得自己的事情毫無意義，結果變得事事都懶得處理。每當感到無精打采的時候，我都會去南大門夜市。

擺好攤位，用著悅耳的聲音招呼客人的大叔、揹着包袱到處避開人群而穿梭其間的搬運工、買個一千韓元的蔬菜，就要吵嘴超過十分鐘的大嬸……

看著他們無論怎麼撕也撕不破的堅韌的橡皮手套，我不由自主地振作起精神。然後從他們像活魚一般撲騰撲騰地跳著的樣貌，得到了活下去的力量。宛如在乾渴的盛夏，喝著涼爽的碳酸飲料一般。

在解除了人生的乾涸，走出市場的瞬間，我腦海中突然閃過一棵樹。那是只生長在濟州島漢拏山，名為「岩高蘭」（Empetrum nigrum）的小型野生樹。

不久前我曾登上過漢拏山。因為想看到沒有被損壞過而處於自然狀態的樹木，所以故意選擇了人跡罕至的山徑，並在那裡發現了岩高蘭。

這是只生長在海拔一千五百公尺以上的高海拔地區，迄今為止未在濟州島以外地區發現的稀有樹種。它的高度只有一個手掌寬左右，連果實都很小，一般而言十分不起眼。

但是那棵小而不起眼的樹木，卻擁有非常龐大的威力。

第一次發現岩高蘭時，我正好非常口渴。水壺裡的水又都喝光了，嘴裡乾巴巴的，於是摘下一撮岩高蘭的深紅色果實，塞進了嘴裡。

雖然初嘗到酸澀的味道時，不由得皺起了眉頭，但是甜味很快就蔓延開來，使得嘴裡的每一個角落都滋潤起來了。比豆粒還小的果實，怎麼會含有這樣多的水分呢？才吃了一小撮果實，就好像喝掉幾瓶礦泉水一樣。然後，我又登上了白鹿潭，到最後都完全感覺不到口渴。

在乾旱又貧瘠的漢拏山高地上，岩高蘭怎麼能結出如此豐碩的果實呢？我們周圍有很多像岩高蘭一樣看似微不足道，卻具有明確存在價值的樹木。

從公園或建築物內常見的矮小灌木來看也是如此。當叢林形成時，在最中心地帶形成框架的灌木，在樹叢完成到一定程度後，就會讓位給高大的樹木，亦即被擠到樹林的周邊地區，因為它在高高的喬木中間並無法生存。

但是，坐落於周邊地區的灌木，可以保護從樹林中心推開了自己的喬木。這些不起眼的灌木，能夠抵禦外部的自然災害，守護整座森林。因此，森林形成了多個物種相互融合的健康面貌。

不僅如此，讓荒蕪的土地重新綠化的，也是微不足道的小樹和小草。在沒有任何生命的乾涸土地上，只有平時被冷落的小草進入，發揮了拓荒者的作用。它們最先進入不毛之地，穩定了地基，並且創造出其他樹木賴以生存的滋潤土壤。經常被當作雜草的艾草、紫芒、蕨類就是這種「開墾植物」。

第一個訪問因山火而變成廢墟之地的它們也是如此。樹身矮小、枝幹薄弱，最多只能用作籬笆或掃帚的荊棘樹，反而是綠化火場廢墟的主角。雖然為人所熟知，但是並不能被人們視為聚光燈焦點的蕨菜，也和荊棘樹差不多。荒野上常見的蕨菜以其天生的朝氣，在廢墟中率先生根發芽。

以人來比喻的話，就像是非常必要，但是所有人都忌諱的3D行業（註：Dirty, Difficult, Danger的簡稱，指製造業和建築業中又髒又危險又難以操作的行業）的從業人員。奠定基石後，等其他樹木一個一個站穩了腳跟，灌木就會安靜地讓出自己的位置，而以前的不毛之地，會恢復為深綠的樹林。

不過，令人遺憾的，從森林的社會中，它們獲得的回饋並不多，也不是任何人都知道它們扮演的角色。儘管如此，它們在樹的世界裡還是盡到了責任，只是默不作聲。

它們知道，雖然自己微不足道，卻是樹木世界中不可或缺的重要存在。透過這樣的它們，我再次認識到世界上沒有不珍貴的人生。

也許正因如此，比起那些只是向天空高處伸展、為了能多曬點太陽而費神的巨型喬木，我覺得那些不起眼的樹木更加美麗和有價值。

「長得醜的樹木守護山林。」這句話可能並不是僅在樹木社會才通用的詞語。世間萬物各有其意義，即便只有一天的生命，就算是看不見明天的人生，一定也有其理由和價值。所以，當你明白它的價值，並默默地發揮自己的作用時，最終就會成為守護自己、守護世界的道路。

知道這個事實的樹木們，非常懂得如何在自己的位置上尋找幸福的方法。不是藉著和別人比較來評價及定位自己，而是只把自己的人生選定在一個位置，並忠於自己的人生。因此，獲得了生命的意義，得到了永續的力量。

看著這樣的樹，我也再次體會到自己的人生非常珍貴，即使在別人看來是微不足道、平凡的人生。

今後，我不會嫉妒任何人，不管別人對我的人生有什麼想法都無妨。如果我自認為有價值，那不就足夠了嗎？

我會一直記住，能夠給我的生活打分的人只有我自己。

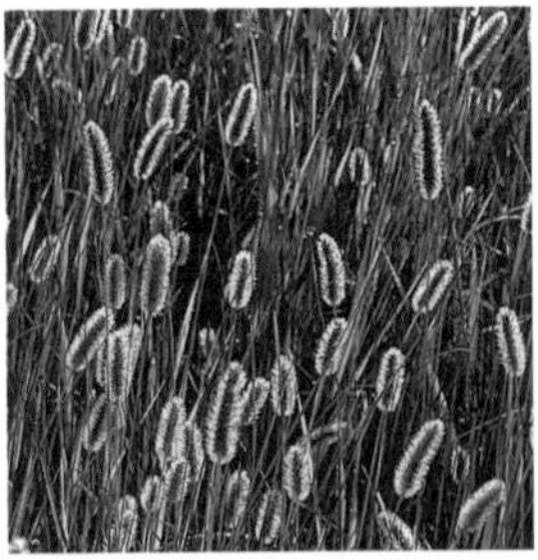

該如何生活

人們看到我對待樹木像對待人一樣時，總會覺得很神奇。對於小樹就用這傢伙、那傢伙來稱呼，對於樹齡百年以上的老樹，就會用「老人家」來稱呼，並且打躬作揖。

「你是從一開始就把樹當成人看待嗎？」

是啊！說起與樹木結緣的故事，就不得不想起我的童年。

當時我出生長大的首爾市貞陵區還是一個山村。以北漢山為屏風，以梨園谷和清水場這兩條山谷為中心，為數不多的幾個人聚居在此。

位於目前國民大學所在地的梨園谷，有著寬闊而茂密的松樹林，相當壯觀。清水場溪谷的樣子，則是像童話中的一幅畫般美麗。雖然小時候我分不出風景優劣，但是在我的眼裡，沒有比這裡更美好的天堂。

十多年來，只要一放學，我就會往山上跑，已經成了習慣。我通常是把一塊鍋巴塞進口袋裡，就跑到山上玩，一直到太陽下山為止。在食物稀缺的年代，如果連鍋巴都吃不到的話，又該如何？從春天到秋天，樹林裡到處都有可吃的食物。甜滋滋的樹根自不必說，如果能用不知名的野生果實填飽肚子，世界上就沒有什麼可羨慕的了。

早春時節，我躺在樹背上，沐浴著甜蜜的陽光，迎風傳來樹葉沙沙作響的聲音，好像樹木從樹枝縫隙中俯瞰躺在樹下的我，而我們之間正竊竊私語著。

回想起那時候，心裡就覺得特別幸福。但是最近我登山時並不太開心，因為生病的樹木太多了。光是風吹過就四處搖晃，表面上看起來很健康，仔細一看卻都是不正常的樣子。在二、三十年間，由於沒有計畫的造林和荒廢，這些樹木都被毀壞得失去了自生能力。令人遺憾的是，韓國城市近郊的森林大多是這樣的景象。我似乎能聽到樹木們哀求說，爬上已經毀壞的山，實在太疼了，請救救我的聲音。

而生活在城市裡的樹木的現實，又比這更殘酷了。走在街上，我們會遇到無數棵生命即將結束的樹木。遺憾的是，大部分人對此並不感興趣。不，連樹木正在凋零的事實都不知道的人也不計其數。沒有森林和樹木的城市會是什麼樣子，它們消失後我們的生活會變成什麼樣子，我們一點也不會去想。

雖然現在幾乎在這個地球上絕跡了，但是美洲印第安人早就對那些被物質文明蒙蔽雙眼的人類的未來，表示過憂慮和恐懼。

切羅基族（Cherokee）的「滾雷」酋長曾經這樣說道：

「地球是一個活著的生命體。地球和人類一樣，是具有自身意志、更高層次的人格體。因此，無論身體還是精神上，都有健康的時候，也有生病的時候。就像人們珍惜自己的身體一樣，地球也是一樣。太多的人根本完全沒有意識到，傷害地球就是傷害自己，給自己帶來傷害就是給地球帶來傷害。」

在尋找我的樹木越來越多的今天，我感到了巨大的危機意識。

某一天，我發現正在管理的建築物庭院中的松樹突然被砍斷了，這是有人用鋸子偷偷地砍下來的。我的心證只有一個，那就是被松樹遮擋的某家商店的招牌，在樹木消失後非常顯眼。

在首爾市中區五壯里的槐樹也是如此。它原本是一棵美麗的樹，讓人只要看著心情就會變好，有一天，樹木突然被砍斷，取而代之的建築物一下子就蓋了起來。

在荒涼的都市中，忍受著煤煙和汙濁的空氣，還是努力生存的樹木，怎麼能那麼輕易就被砍掉呢……我經常對人們這樣說：

「如果你是樹木的話，最不想去的地方就是人的身邊。」

樹木原本就有很強韌的生命力。但即使是這樣的它們也有想過自殺的時候。究竟無法忍受到什麼地步，才能讓樹木想要自殺呢？然而如今在我們周圍的大部分樹木都想著要自殺。至少能活五百年以上的銀杏樹，若是在人們身邊也會在二、三十年後就死去。我要對那些樹說一句話：

「即使這樣也得活下去吧？生命是多麼重要啊……」

但是，即便是這麼說，如果換作我是那棵樹的話，話就很難再繼續說下去，只能感到抱歉而已。

每當看見越來越多破敗的森林和越來越遠離森林、樹木的人們，我真的很傷心。不管怎麼努力，只靠我一個人的力量能有什麼用，這種想法讓照顧樹木的手停了下來。即使花上一輩子的時間，我也不可能照料到全國所有的樹木。

難道就此放棄嗎？還是要對漠不關心的人說「樹木會死，山林會死，這片土地會死」？

如果不是這樣的話，那麼現在我還能做什麼？

可笑的是，我從一本書中得到了小小的解答，給疲憊不堪的我帶來力量和安慰的書，那是法國作家尚．紀沃諾（Jean Giono）撰寫的《種樹的男人》。

這本書是一部小說，沒有證據可以證實它源自一個真實的故事，只是一位小說家編造出來的虛構故事而已。儘管如此，之所以提及這本書，是因為我在裡頭發現的「希望」並不是虛構的事情。

在普羅旺斯，一片環顧四周都沒有一棵樹的荒地上，住著一個人。他失去了妻子和兒子，孤獨地坐在地上，他認為沒有樹的土地會死掉，於是每天獨自種樹。

但即使他每天種樹，卻沒有期待什麼新的結果，既不希望別人知道，也不希望得到報償，只是固執地持續自己所做的事情。

就這樣，他種下了十萬棵樹。然而，在無法預測的神的法則中，許多樹木又死去了。即便如此，他也沒有停止過種樹和照顧樹木的工作。

如此過去十年，他種下的樹木已經成為了森林。這一切都是來自「一個不具備任何技術性裝備的人，他的手和靈魂」。

他剛開始種樹時，住在那片荒地上的還不到十人。他們甚至還憎恨著彼此，為了逃離那片荒地而絞盡腦汁，因為留下來只能等待死亡。但是這一切都變了。

一切都變了。連空氣亦如是。迎接我的是散發著香氣的柔和微風，取代了原本乾燥而狂亂的暴風。從那座高高的山坡上，傳來宛如流水般的聲音，那是風聲。更令人驚訝的是，能聽到流入池塘的真正的水聲。我看見泉水已經形成，水源源不絕地湧了出來。最令我感動的是，泉水邊種著樹齡已經四歲的菩提樹。這棵樹已經長得十分茂盛，毫無疑問是復活的象徵。

更何況，村子裡人們勞動的痕跡十分明顯。人要有希望才能工作。因此，希望再次回到了這裡。

他帶給人們，以及這片土地最大的禮物是什麼?與其說是豐富的資源和由此帶來的好處，不如說是「希望」本身。一個人微不足道的人生給所有人帶來了希望。

當然，這個故事中他所做的事情分明不是真實的，而是虛構的。從現實的角度來看，樹木的栽培和森林的復活，也無法能期待一個世代的人就能看到結果。不，應該說這是需要幾代人傳承下去的巨大事業才對。

儘管如此，我仍然深受感動的是，一個人的微不足道的人生，終究是所有變化的起點。

我希望在餘生的某個時刻，能夠徹底結束都市生活，進入山林中。因為，想在餘生中為貧瘠的森林能變成健康的森林盡綿薄之力。當然，這件事肯定不會在我這一代結束，而且說不定還會被人嘲笑為「以卵擊石」。

因為這片土地上所有的森林要想恢復原貌，至少需要數百年的時間。

即便如此，我現在也不會再猶豫了。我希望一邊整治山林，一邊向人們宣導我的想法，然後讓那些志同道合的年輕人繼續做我未能完成的「打造健康森林」的工作，透過有關樹木和森林的講座分享其意義，也是我一生中必須做的事情之一。

三十年前我學會了建造原木屋的方法，這是為了準備在山裡生活。妻子可能知道我的心思，學會了自製麵包的技術，一般的麵包都是在家自己做來吃。再加上她還學會了製作韓服的方法，現在甚至可以製作自己的衣服了，妻子的這種能力對於維持山中生計，將大有幫助。

但是到目前為止，我都還沒有訂定具體的計畫，只是按照自己的想法和意願，一點一滴地準備現在能做的事情而已。對於從樹木身上所學到的事物，希望我這些一點一滴的努力，能成為微小的回報。

Appendix

想要
養植物的人，
必備之
基本常識

室內植物篇

我們每天百分之九十以上的時間都在室內度過。從名為「家」的室內走出來，踏進辦公室或學校，傍晚再次經過各式各樣的咖啡館或餐廳，回到名為「家」的室內。根據《植物禮讚》（Skogluft-effekten）的作者Jørn Viumdal所言，如此般，我們一天中的大部分時間都待在室內，是自工業革命至今僅僅不過二百五十年左右的事。換句話說，人類遠離自然的歷史並不久遠。這個事實充分說明了我們為何能被如森林般鬱鬱蔥蔥的自然所吸引。雖然過著與自然漸行漸遠的日常生活，但曾與自然共處的本能卻活在我們的心中。

是因為這樣的緣故嗎？據說最近很多人把植物引進屋內陽臺或客廳、辦公室等室內養植。他們想將大自然帶入室內，也想藉此獲得心理上的安定。不僅如此，在室內養植物，還可以淨化微塵及汙染物質，使空氣清新，有助於消除人們的慢性疲勞和壓力。不管是什麼理由，將植物置於咫尺之內並用盡心思栽培的人越來越多，真是件令人高興的事。

然而，養植物的人與日俱增的同時，「植物殺手」也隨之增多。特別是為了想將室內裝潢得美輪美奐而像買裝飾品般只購買漂亮形狀植物的人，往往落入狼狽不堪的窘境；而被「這種植物真的很好養，一個月只要澆一次水，不用太操心」的商人話術所騙而衝動購入花盆的情況也是如此。為什麼別人養得好好的，只要一到我手上，植物就會死掉呢？

想對植物殺手說的話

首先，我想對植物殺手說的一句話，就是如果下定決心要養植物，起碼對植物要有最初步的學習。所謂最初步的學習如下。首先必須知道名稱。得知植物名稱，就能透過網路或書籍、YouTube等，立刻了解植物的特性。話說回來，因為植物看起來美麗，連名稱都不知道就買回去的人還真是出乎意料地多。

第二，必須了解該植物的原生故鄉。因為故鄉提供了讓你能迅速掌握適合該植物生長的氣候，以及該植物喜歡什麼、討厭什麼的提示。例如，故鄉為溫暖南方森林的植物喜歡潮濕炎熱的地方，故鄉在乾燥沙漠的植物則須避開潮濕之處，只要保其於冬季不結冰的程度，就能生長得很好。

最後，需要留心觀察植物的外在形態。因為植物由根、莖、枝、葉所組成，依其各自的特徵來看，就能知道要如何對待植物。舉例來說，如果植物的根部細小且細根發達，表示它需要大量的水分；相反地，若根部跟烏龍麵條一樣粗而且沒有細根，就不必太在意水分的供給。

此外，若樹幹和樹枝上有很多毛，迎風與通風就很重要；而若葉子長得扁薄又細長，它的故鄉有很高的機率是落在熱帶雨林的森林。

結束對植物的初步學習後，接下來必須做的事情，就是思考植物的種植場所。假使有一個超級想養的植物，該植物的第一生長條件就是陽光。將需要充沛日光照射的植物放在陽光不太能進入的書房或辦公室桌上，絕不可能長得好。儘管如此卻仍執意繼續將該植物置放於桌上，只不過是一種愚蠢的欲望。

方向也必須善加確認。因為假如是對光敏感的植物，它對南向、西向、東向等方向也會反應敏感。此外，還必須考量四季的溫度和濕度。室內植物大部分是在溫暖地方長大的植物，萬一氣溫從攝氏五度開始持續下降，就有可能會被凍死。考量到上述諸多因素時，因地制宜搭配場所才能善加種植的植物如下：

辦公室、書房、桌上（人工照明）：袖珍椰子（Parlour palm）、愛之蔓（Rosary vine）、虎尾蘭（Stuckyi）、單藥花屬（Aphelandra）、吊蘭、合果芋（Syngonium podophyllum）、網紋草屬（Fittonia）、多肉植物、常春藤、球蘭屬（Hoya）、草胡椒屬（Peperomia）、黃菀屬（Senecioninae）、卷柏（Selaginella）、苔蘚類（Bryophyta）。

明亮的室內（窗邊）：香冠柏（Goldcrest）、虎尾蘭屬（Sansevieria）、仙客來屬（Cyclamen）、聖誕紅（Poinsettia）、垂榕（Ficus benjamina）、伽藍菜屬（Kalanchoe）、竹芋（Maranta arundinacea）、馬拉巴栗（Pachira aquatica）、蟹爪蘭（Schlumbergera truncata）、鐵蘭屬（Tillandsia）、美葉蘇鐵（Zamia furfuracea）、虎刺梅（Euphorbia milii）、含羞草（Mimosa pudica）。

陰暗的室內：花葉萬年青屬（Dieffenbachia）、龍血樹屬（Dracaena幸運木）、槍刀藥屬（Hypoestes）、白鶴芋（Spathiphyllum wallisii）、紫露草屬（Tradescantia）、秋海棠屬（Begonia）。

臥室：蘭類，花燭屬（Anthurium）。

浴室：鳳尾蕨屬（Pteris）、鐵線蕨屬（Adiantum）、腎蕨屬（Nephrolepis）等蕨類或苔蘚類。

截至目前為止，我寫了一些對植物殺手想說的話，但還是想建議那些沒有自信的人種植水耕植物。因為水耕栽培只要補充水分即可，且對在乾燥室內維持適當的濕度也有幫助，所以我大力推薦。可種植的水耕植物如下：

觀葉植物：風信子（Hyacinth）、花燭（Anthurium）、千葉蘭（Muehlenbeckia complexa）、薜荔（Ficus pumila）、網紋草、波士頓蕨（Boston fern）、瑪莉安黛粉葉（Dieffenbachia marianne）、合果芋、石刁柏（Asparagus）、棕竹、斑馬觀音蓮（Alocasia zebrina）、吊蘭、白鶴芋、開運竹、白竹、蓮花竹、常春藤、黃菀屬、愛之蔓、袖珍椰子、藤芋屬（Scindapsus）、銅錢草、孤挺花（Amaryllis）、金錢樹、光桿輪傘莎草（Cyperus alternifolius）等。

食用植物：豆芽、蘿蔔、洋蔥、番薯、胡蘿蔔、馬鈴薯、綠豆芽、番茄、芹菜、山芹菜、茼蒿、菠菜、生菜、韭菜、西洋芹菜、蔥等等。

想養室內植物的人們基本必備知識

大部分植物都在努力適應環境。儘管如此卻仍然死去的理由，是因為再也難以忍受。如果想好好栽培植物，關心還是首要之務。意思是請先考量植物的立場，而非自己的立場。

在某次的課堂中，當我一講完上述觀點時，一名學生問道：「老師，我都乖乖按時澆水，但虎尾蘭突然就死了。為什麼會那樣？」我已經知道答案了。她的澆水習慣正是導致虎尾蘭死亡的主因。

因為一般人都會規定好每週一次、一個月一次等的澆水時間，這是不對的。那麼，究竟要在什麼時間點，該澆多少水呢？我的回答只有一個，就是每種植物都不一樣。不僅每種植物原本需要的水量不同，即使是相同的植物，隨著不同的季節，或是位置、空間的不同，需要的適當水量也會有所不同。因此，在沒有檢查植物狀態的情況下，無條件地規定好日期，為植物澆一定量的水，是養植物的人最先必須拋棄的態度。反之，由於植物每天都會面臨不同的環境，所以必須配合它才行。

即使是相同的植物，根據花盆裡的泥土性質，澆水量與次數也會有所不同。如果覺得太難，可以先摸花盆的泥土看看，如果覺得看起來似乎很乾，就幫它澆水；炎熱的夏天可以多澆一點，冬天時少澆一點。

而且大部分人把花盆放在某個位置時，就會有一直放在那裡養的傾向。也不是種在地上，卻往往不願意移動花盆，甚至連搬動的想法都沒有。然而，與總是將花盆放在同一位置相比，因時制宜地搬動花盆，對植物才是好的。

我們培養的室內植物大部分生長在熱帶雨林的林地；生長在不僅炎熱又潮濕，大部分陽光還被上方茂密樹木所遮蔽的環境裡。所以對熱帶雨林的植物而言，光線是以如同微風偶爾掠過上方樹葉縫隙吹來般的形態供給。因此，即便植物的故鄉是熱帶雨林，讓其持續曝曬在烈陽下並不恰當，但也不能將之置放於毫無光線照射的環境

中。此時需要的就是適當地移動花盆。

想要讓植物行光合作用時，最好是在上午，暫時放在東側窗戶上。因為下午的陽光紫外線強，樹葉容易被灼傷。放置在窗邊的花盆也要偶爾旋轉方向，樹葉才能全方位均勻受光。平時放在乾燥的客廳裡的植物，最好偶爾挪到洗完澡後充滿水蒸氣的浴室放一晚，讓它吸收濕氣。

最後，由於大部分室內植物的葉片柔嫩又敏感，適當的補充水分非常重要。就像人們在冬天為了防止臉部乾燥而噴保濕噴霧一樣，最好經常擦拭葉片上的灰塵並隨時予以噴霧為宜。若想提高保濕效果，利用噴霧器噴水後，以玻璃紙包住葉子也是不錯的方法。

施肥的方法

有時候我們會把喝剩的牛奶全部倒進花盆裡，這是非常錯誤的做法。因為牛奶是容易變質的食品，如果直接倒入花盆，在吸收過程中根部會腐爛，最終連土壤也會腐爛。如果想拿牛奶作為肥料，首先必須一滴不剩地全部喝完。之後再將牛奶容器裝滿水，搖晃後倒入花盆，這樣就ＯＫ了！

牛奶之外的其他肥料製作方法如下：

乾肥

首先準備芝麻油渣和米糠（田裡的泥土也行）、砸碎的魚骨，重量比例約為４：４：２。將芝麻油渣、米糠和魚骨混合均勻，然後加水到略有水氣的程度。接著把它們放進塑膠袋密封起來，夏天要花一個月，冬天要花兩個月，就能完全發酵。其特色是，一旦發酵成功，熱量和氣味就會消失。

此法製作的乾肥若是用茶匙舀進土裡，四至五吋的花盆要一至兩匙，六至八吋的花盆要兩至三匙，九至十吋的花盆要三至四匙左右。那麼，在每次澆水時，肥料成分就會逐漸溶化滲入而被根部吸收。

液肥

將前面的乾肥與十倍容量的水一起攪拌，浸泡兩週左右。每次為花盆澆水時，稀釋十至二十倍，一起澆下即可。此時須留意不要沾到葉子上。

換盆的方法

若希望植物能持續生長，必須定期換盆。種在直徑三十公分以上的花盆裡時，每隔兩、三年就要換一次，結果實者則必須每年都換盆。換盆時機方面，溫帶植物最好在三至四月，熱帶觀葉植物最好在五至六月。此外，盡量避開嚴冬和盛夏，最好在陰天或沒有風的陰涼處進行。

換盆時最需要注意的是混合土。草本類或幼苗要選擇輕質的混合土，根部較結實的苗或木本類最好選擇質量重的混合土。君子蘭、蘇鐵、蘭類等根部

較粗的植物，應使用粗沙或矽石（Hydroball），以確保氧氣的充足供應。而且最好盡量能消毒花盆，因為可能會有發生病蟲害或苔蘚的危險性。使其在六十至八十度的溫水中浸泡二十分鐘左右就好。

準備好時即可實際換盆。首先用左手把花盆抬高，然後用右手拳頭輕敲使其根部容易脫落。接著取出根部，用手或棍子將根部之間的混合土抖掉，然後切掉部分老根。新花盆比原本的花盆大一至兩號左右比較合適，在花盆下面設計排水層，與原本的花盆高度相同後種植即可。

主要的病蟲害防治法

蚜蟲是代表性的害蟲，主要寄生在葉子和莖、花蕾中，吸收植物的汁液，傳染病毒，削弱生育。因為藥劑防治比較容易，所以用藥就可以了。藥劑有Primo、Peropal等。

葉蟎方面，由於是在葉片背面吸食汁液，葉綠素很容易被破壞。因此，葉子會變黃，難以進行光合作用。常發生在高溫乾燥時，所以隨時噴水預防發生非常重要。基本上，若藥劑防治不順利，害蟲會對藥物產生抗藥性，必須換藥使用。此外，如同為它洗澡般地給足劑量，每隔五天須噴灑三次以上，噴灑後蓋上塑膠袋予以熏蒸。

偶爾也會被杜鵑冠網蝽所害，主要多附着在杜鵑花等杜鵑花科的植物上。如同蟎一樣，從葉片背面吸食汁液，使葉片變白為其特色。藥劑防治算是比較容易，只是打藥時要從下往上噴灑。最具代表性的藥劑有殺撲磷（Methidathion）、殺螟松（Sumithion）等。專用藥材最好與農藥商商議後再購買。

移植方法

植物在移植時，若突然遇到強風，蒸散就會超出需求，葉子就會枯萎。由於管理疏忽，樹葉被撕裂或被太陽灼傷也是家常便飯之事。葉子較厚的植物會存活下來，但不夠堅韌的嫩芽或像蕨菜一樣有著脆弱葉子的植物，會因移植而蒙受致命的傷害。

因此，在移植植物時，必須要像搬動家具一樣，妥善包裝，以免破裂或受損。首先用報紙包好，避免直射光線，用塑膠袋覆蓋住，以免被風吹傷。另外，盡可能在傍晚時分移植，最大限度地阻止蒸散作用。

代表性的室內植物栽培方法

蘭花

蘭花分為附着在岩石或樹木上生活的「附生蘭」，以及植根在地上的「地生蘭」。附生蘭的粗根暴露在空氣裡，從空氣和雨水的濕氣中吸收水分。葉子和莖的特色是肥厚且耐乾燥。與此相反地，地生蘭在泥土中生根，以穩定的條件生長，因此與寄生蘭相比，根部細長、葉肉薄、寬度較窄的情況較多。

若想養好蘭花，置放在通風良好的地方為首要之務。適當地吹吹風，不罹病，蒸散良好，根部的延伸也會變得活躍，容易長出氣根。

同時，需要注意的是溫度。最低溫度最好維持在攝氏十度以上。此外，必須將蘭花放置在架子上，於下方安裝水槽，或者經常澆水，保持適當濕度。另外，蘭花如果曝曬在直射光線下，葉子易被灼傷，故曬太陽時間最好是挑陽光不太強烈的上午，夏天必須以簾子遮蔽。

蘭花完全開花需要兩至三天，在此期間最好不要移動花盆，而且溫度要降到攝氏十度左右，增加濕度維持在百分之六十至百分之八十左右，適度吹風的話，就能長時間看到花。在開花二十至三十天後，根部會有凋謝衰弱的現象，最好盡快剪除花梗。

垂榕

天氣一開始變熱，垂榕的葉子就容易感染病蟲害。特別是到了五月底左右，垂榕的葉子會沾上透明黏稠的液體，此時正是必須注意病蟲害的時機。那是介殼蟲們在吸食樹液的緣故。

介殼蟲如其名，體皮表面圍覆一層硬殼（粉介殼蟲除外），隱藏在葉子和樹枝的分杈處，不容易被看見。而且打藥也不容易死，需要細心留意。

若想阻止介殼蟲的危害，首先要清除越冬卵。越冬卵多在莖與枝、葉柄之間，要用刷子刷掉卵塊。然後在夏秋之際纏繞草繩，在冬天燒掉也是一種方法。在幼蟲孵化期的五月分左右塗上黏蟲膠也有預防效果。

仙人掌

仙人掌的環境適應能力卓越，適合多種混合於盆栽種植。首先找來平坦且深度較淺的花盆（或者平盤），用網子堵住排水孔後，鋪上碎石，然後在上面依2：1：1的比例混合鋪上磨砂土、蛭石和泥炭苔。高的種在中央，矮的種在外圍，剩下的空白處以微化石處理後，充分澆水即可。但是，不能長時間放在同一個位置。如果想要繁殖，只要摘下黏在一起成長的幼枝，在陰涼處晾乾幾天，等待傷口部位形成膜，再植入排水良好的地方即可。

適合養植的仙人掌有圓形的金琥、般若、軟毛仙人球、緋牡丹、鸞鳳玉、王冠龍、新天地和長長的牙買加天輪柱、三角霸王鞭、扇形仙人掌（不適合盆景）、下垂的鼠尾仙人掌、假曇花仙人掌、屬於多肉植物的十二之卷、十錦蘆薈、石蓮掌、四海波、長壽花，以及絲蘭屬、蘆薈屬、兔耳仙人掌等。

藤芋屬

藤芋屬這種植物是利用吸盤吸附上去，購買這種植物時必須挑選大花盆。可以用「藤蔓花盆」（Hanging）吊掛在上方呈現垂墜感，或掛在牆壁上使其攀爬，但前者會有葉片越來越小的缺點。此外，藤蔓花盆的泥土很容易因排水孔而掉落，因此需要隨時補充有機質豐富的泥土。

確定放置場所後，放上接水托底盤，再擱放兩塊磚頭，然後放上花盆。如果是掛在牆壁上，可以用膠帶把繩子黏住莖或以繩子綁好。此時，適當地割開木刻料或樹皮後再加以黏貼會更好。

必須隨時澆水以確保其不乾枯，也要經常往葉子上噴灑營養劑。此外，由於室內光量不足，為了順利進行光合作用，請擦拭葉子上沾著的灰塵。用手托住背面後，用柔軟的棉手帕輕輕擦拭即可。而且藤蔓越長越容易衰弱，所以最好偶爾進行疏伐作業。此植物的特色是，若在炎熱夏天加以修剪，會長出新芽。

香龍血樹（巴西鐵樹）

萌芽力強大的香龍血樹可用修剪樹枝來調節高度。時機最好是在溫度與濕度較高的六至七月左右，切除朝向外側的嫩芽上方，然後塗上保護劑以防止切口腐爛。除此之外，還有所謂「空中壓條（高枝壓條）」的方法，亦即剪掉樹枝，再以它來創造新的個體。也是在六至七月左右實施，將修剪部位的樹枝剝掉一公分左右的皮，用乾淨的苔蘚包裹後，使其不乾燥。那麼，兩個月左右之後，剝下來的部分就會生根。

而遺憾的是椰子類（黃椰子、荷威椰子、棕櫚椰子等）只有一個生長點，無法像香龍血樹般進行剪枝。此等以疏伐枝葉來調節生長的樹種，一開始購買時，盡量不要選太大棵。

香草（Herb）

香草植物有一個共通點，就是香氣濃郁。若想善加培育香草植物，最好是放在陽光充足、通風及排水暢通的地方。如果種在花盆裡，先放在窗邊或室外養植，再穿插放進室內，就能品味到真正的香氣撲鼻而來。澆水方面，當表面的泥土變白且乾燥時，可以充沛澆水到水從花盆下方流出的程度，但夏天最好不要經常澆水。

挑選香草時，必須了解各種香草的特點。耐旱怕濕的香草有迷迭香、薰衣草、麝香、青檸、鼠尾草；經常種在花盆裡的香草有牛至（Origanum vulgare）、麝香薰衣草（Thyme Lavandula）、老鸛草屬（Geranium）；常綠的香草有薰衣草、迷迭香（Salvia rosmarinus）、麝香（Thyme）、牛膝草（Hyssop）；遮陽或半遮陽也可以好好生長的是檸檬、香草、天竺葵；在露地可以過冬的香草是洋甘菊、檸檬香草、牛至、辣薄荷（Peppermint）、留蘭香（Mentha spicata）、歐白芷（Angelica archangelica）、牛膝草、麝香、毛地黃屬（Digitalis）等。記住各種香草所具有的效果後，配合情況使用也是方法之一，效果如下：

毛地黃屬：強心作用。

甜羅勒：神經強化劑。

蒔蘿：健胃、去除口臭。

歐白芷：鎮靜、健胃。

薰衣草：安神。

歐蓍：創傷治療、止瀉。

檸檬草：強身、止牙痛。

牛至：保護肝臟、利尿、鎮靜。

迷迭香：頭痛、助消化、香氛蠟燭、殺菌。

洋甘菊：鎮定、安眠。

墨角蘭：淨化肌膚。

麝香：殺菌。
薄荷：殺菌、助消化。
牛膝草：治感冒和支氣管炎。
鼠尾草：治潰瘍和傷口。

園林植物篇

挑樹

決定樹木生長的最重要因素是溫度和水分。但在人為的環境下，還要考慮公害、光線、土壤、生育空間、風等，再去挑選樹木。首先，公害的抵抗力因樹種的不同有很大的差異。銀杏樹、香樹、柳樹、藤樹等比較抗公害，而松樹、樅樹、楓樹、櫸樹、木蓮等，抗公害能力多半較弱。

其次需要考量的就是光線。雲杉、白楊樹、鵝耳櫪、山茶樹等樹種在樹蔭下也能茁壯成長。相反地，櫸樹、懸鈴木、櫻花樹、流蘇樹、木瓜樹、迎春花等則喜歡向陽的地方。

土壤也是重要的因素。松樹、櫸樹、木百合、梧桐、橡樹等高大樹木基本上都喜歡土深的地方。而楓樹、櫻花樹、柳樹、梅花樹、刺槐樹、竹子等矮樹，由於樹根是朝兩側伸展的淺根樹種，因此周圍需要充分的空間。

根據樹種的不同，有的樹喜歡乾燥土地，有的樹喜歡水分多的地方，這也是一定要考慮的因素。

移樹

樹木在攝氏五至十度以下時，會停止生育並沉睡，大致上這個時期最適合移樹。尤其在初芽萌動前的早春及開始進入休眠期的秋天最為合適，因為這個時期的蒸散量少，雨水也適量，泥土緊貼根部，即使移植到新的地點也很容易扎根。一般來說，針葉樹類和常綠闊葉樹類最好在早春和梅雨季節移栽，落葉樹類最好在落葉凋零後到早春之間移栽。雖然不是最佳時機，但在不得不移栽時，應該砍掉部分細枝，減少葉子的數量，才能減少蒸散量。在葉子上噴灑蒸散抑制劑也是一種方法。此外，要盡量注意不損傷到根部，確保水分吸收順暢。

決定好移樹時機後，一定要考量以下因素後再移樹。

根回

很難移栽的樹種、巨木、老木、衰弱的樹木、未在最佳時機移植的樹木等，應該讓它們根回（事前生出支根）。挖掉樹根直徑的三至五倍，留下幾根粗根，剩下的全部用利刀或鋸子切掉。回填時，應將泥土一點一點放進去，用木椿好好打實，使泥土與樹根緊密貼合，而且不能澆水，必須整備周圍排水渠，防止積水。另外，立好木支柱以防止樹木被風颳倒，在周圍蓋上乾草或樹葉、秸稈等以使根毛得以保溫，最好還能適當地剪枝。考量到長出新根需要六個月到一年以上的時間，從季節上來看，秋天移栽是最有效的。

包紮土球

包紮土球是指為了防止樹木在移動過程中受到衝擊導致根部坍塌，在挖掘之前，用細繩纏繞根部。莖的底端先用細繩纏繞一圈，以該長度的二分之一為半徑，沿著底根表面繞圈收緊。一般寬約底根直徑的四倍。但是根部朝側邊伸展的淺根性樹種或新根力量較弱的檜柏、喜馬拉雅山雪茄、海松、櫸樹等要包紮得更大一些。決定根部大小後，去除雜草和表面泥土，然後挖成直角。之後從根部的側邊開始用木棒均勻敲打，一邊收緊泥土，一邊慢慢纏繞幼根。包紮作業完成後，將底部挖到樹木不會倒下的程度，上下纏繞包住。

搬運

根部在車的前頭，水管在車的後側，用細繩或麻袋包裹以免樹皮或樹枝折斷。此外，為防止水分蒸發，用浸過水的草蓆或麻袋蓋住樹根，如果到達後不能立刻種植，就移到陰涼處，用草蓆蓋住樹根。

種樹的坑要挖得比根部大小略大，且須挖深一點（約一點五倍左右），挖出的土要分表層土和底層土堆放。接著鏟一鍬中心部位，容易腐爛的有機質肥料與表層土混合攪拌，填入並使其中心部位略高，然後再將表層土回填至上方，以免根部與肥料直接接觸而腐爛。接下來為了不讓根部受損，須小心地放進坑內，找好方向，種至跟過去相同的深度。如果種得太深，會引起生長障礙、根部腐爛，或根部呼吸不暢、發育不良，也可能窒息而死。

接著，先填滿表層土，其上方再覆滿底層土。為了不讓土裡產生空間，先回填一半左右，然後倒入充分的水，像粥一樣攪拌後，再用剩下的土填滿。在反覆填土工作結束後，再用剩下的泥土在樹木周圍製作水坑及鋪設覆蓋物。

植樹管理法

為了使移栽的樹木能夠順利地站穩腳跟，最需要留意的就是水分保存。若移居至新土地上的樹根如果會晃動，新生長出來的根就會斷裂，水分供給也會中斷，葉子就會乾枯。因此，必須豎立支柱木一年以上，並隨時檢查。

此外，為了防止通過莖的水分被蒸散，用繩子纏住細莖並塗上泥土會更好。此舉不僅可以防止水分蒸散，還可以防止病蟲害的入侵及被夏季的烈日灼傷。

另外，需要做的事還有覆蓋物作業。亦即將稻草或草、雜木粉碎後，覆蓋在樹木周圍，持續防止水分蒸發。覆蓋物作業具有防止雜草叢生、在冬季維持土地溫度、防止凍傷的效果。特別是在寒冷地區難以生存的樹木或營養狀態不均衡的樹木，很容易凍傷，故須包裹根部或是在根部周圍包覆泥土等覆蓋作業以進行過冬準備。此等代表性的樹有山梨樹（木百日紅）、凌霄花、木瓜、柿子樹、梧桐、石榴樹等。

其次，在移栽時，如同切斷的根部數量一樣，必須給予剪枝。即摘掉葉子或剪枝，除此之外，花蕾或果實也需要很多營養成分，也必須摘掉。

此時，往往很多人會為了保養樹木而予以施肥，但最好是等到樹根落地後再施肥。避開過濕的梅雨季或乾燥期，再施以熟透的有機肥料會更有效。

此外，移栽的樹木由於暫時水勢較弱，害蟲容易繁殖，因此要提早預防。特別是松樹類經常會發生蟲蛀，故須噴灑滲透性強的藥劑或用綠化麻袋等包裹整個樹幹。

最後要注意的是澆水。澆水作業通常在春天到初夏的乾旱期間進行，若因為土地乾燥而太常澆水的話，根部腐爛或只往旁邊生長的機率很高。此外，即使移栽的樹木活了一年以上，也絕不能掉以輕心。因為在第二年的四至六月期間，乾燥期乾枯死亡的情況也時有發生。

因此，澆水時需要留意以下幾點：

第一，摸摸土吧！用手揉搓表面五至十公分深以內的泥土，如果感覺有點黏度，就不須再澆水；但如果泥土裂得支離破碎，就要適時澆水。

第二，日出前觀察新芽。如果此時新芽枯萎了，就必須趕緊澆水。新鮮的樹木即使新葉在大白天枯萎了，一到清晨仍會筆直地挺立著。假使新芽呈現枯萎狀態，就足以證明是罹患了重病或非常乾旱。

第三，久旱之後開始下雨時，飄浮在空氣中的各種汙染物質會混入雨滴而下，因此必須像淋浴一樣予以澆水。

修剪樹枝

首先，修剪即將枯死的樹枝。如果是粗的樹枝，則要注意不要讓切斷面爛掉。遭受病蟲害的樹枝、下垂的樹枝、從下方長出來的樹枝以及亂長的樹枝等，都要修剪掉。此外，與其他樹枝相連、相互纏繞的樹枝都可能會損傷樹皮，均需要修整。往內長的樹枝也不利於通風，最好都修剪掉。

依季節進行剪枝的要領如下：

春季剪枝於三至五月實施，這個期間是開始生長的時期，如果進行強剪，樹木容易衰敗，切斷部位容易腐爛。但是春天開花較早的杜鵑花、木蓮、瑞香、梅花、山茶花等，若在花落後剪枝，翌年就能看到更多的花。而常綠闊葉樹則是枯葉凋落、新芽初萌時為剪枝的最佳時機，此時以剪枝或縮短長度為主。

夏天是樹木蓬勃生長的時期，樹形容易散亂。而且亂長的樹枝會妨礙通風或造成日照狀態不佳，也容易引發病蟲害。因此，夏天的剪枝主要是剪掉茂密生長的部分，以及剪掉亂長的樹枝。

秋季剪枝將在九至十一月間實施，最好是進行修整樹形的弱剪。另外，在進入秋季後，因水流變慢，切斷部位容易腐爛，要特別留心。只有若干落葉樹在十月分左右即已進入休眠狀態，這種樹木可實施冬季剪枝等的強剪。

冬天剪枝是在樹木完全沉睡的十二月至隔年三月實施。此時，即使進行粗枝切除或砍伐等強剪，對樹木的損傷也很小。特別是樹葉落盡的樹木，因可輕易地辨別出整體形狀，挑選出遭受病蟲害的樹枝予以切除也很容易。然而，若是容易因寒冷而受損的常青樹，切斷的部位會滲入冷氣，很難治癒傷處，最好避開這個時期。

以下作為參考，不剪枝的樹木有德國雲杉、金松、喜馬拉雅山雪茄、羅漢柏等針葉樹；冬柏、南天竹、八角金盤、梔子、短果杜鵑等常綠闊葉樹；櫻花樹、欅樹、朴樹、槐樹、橡樹等落葉闊葉樹。

施肥

庭園樹施肥的時機，最好是在長出新芽之前。因為新芽長出後，萌發力會增強且生長也會變得旺盛。然而，為了取得翌年春天開始繁育時的效果，氮肥會在秋季提前發放。

根據樹的種類或栽種的狀態，施肥的方法也略有不同。首先在泥土極度乾燥時，必須先澆水，使土地潮濕。在給予堆肥、雞糞等有機物時，應使其充分發酵。此外，若是施以速效肥料，最晚也要在七月底之前。

市面上可以購買的肥料大致如下。首先是造景用的上土和腐葉土，因為未摻和雞糞，直接接觸根部也沒有害處，移植時經常被用作底肥或追肥。其次是生命土，經常被用在岩石斜坡，在樹木移植時，最好薄薄地附着於根部。蚯蚓土的主要成分是蚯蚓分泌物，能製造出植物所需的完美土壤。至於常作為肥料用的雞糞，雖然有氮和磷的成分多這種優點，但最好不要直接接觸根部，在腐敗較少的晚秋施肥為宜。

樹木治療法

樹木生病時，必須要先查看是病害還是蟲害。大部分蟲害的機率比病害大。若能早期防治蟲害，也能減少損失。

蟲害

害蟲的種類有吸食汁液的吸汁性害蟲（介殼蟲類、葉蟎類、蚜蟲類、杜鵑冠網蝽等）、啃食葉子的食葉性害蟲（卷葉蛾、金紋細蛾、黃楊絹野螟、枯葉蛾、美國白蛾等）、在樹木上鑽洞吸食汁液的穿孔性害蟲（天牛類、米象類、衣魚目類、蝠蛾類等）、建造蟲窩的蟲癭性害蟲（癭蚊、癭蜂、節蜱等）。蟲害大多出現在營養狀態不佳或衰老的樹上，因此，把樹木養得結實是最佳病蟲害預防良方，也是治療方法。依部位結實地保養樹木的方法如下。

根部方面，在根部周圍灑上含有大量石灰、矽酸、苦土、胺基酸的矽酸質肥料，在春秋之際，每平方米灑一百公克左右，然後翻耕土地。

莖則因肉眼觀察容易，如果出現機械性傷口，必須立即治療，防止腐朽菌的侵入。此外，容易發生皮燒現象（莖根部朝西南方向垂直裂開的現象）的楓葉、小柏、燈台樹等，秋天時必須用石灰或秸稈包住根部。樹皮粗糙的櫸樹、松樹、山茱萸、石櫧、檜樹等，可戴上厚手套輕輕地揉搓或用刷子抖落蟲卵。

葉子要灑水擦灰塵等，保持清潔至關重要。將葉子在白紙上抖動後用手搓揉，如果綠色暈開，就是有葉蟎存在的證據。葉蟎的大小約為零點四至零點五毫米，不太顯眼，在高溫乾燥的六至七月，繁殖力大增，八至九月時密度最高，而到了十一月就會造成損害。在高溫乾燥時要經常澆水，為其天敵創造生存環境是最佳解決良方。

在防止樹木因害蟲而受損方面，利用其天敵進行自然防治是最有效的方法。挖地鋪上塑膠袋，灌滿水，就可以養青蛙。利用塑膠桶水槽設計成蓮花池也不錯。將水田土或旱田土放進這樣的蓮花池裡，種植水生植物，供多種生物棲息。另外，若在樹下鋪上從建造有機農舍的地方找來的稻草，原本在內的蜘蛛卵就會孵化，可以用蜘蛛來防止害蟲。從附近周邊找來瓢蟲放在樹上也是個好辦法，吸食汁液的蚜蟲數量將會明顯減少。

除了利用天敵外，人們也可以直接捕捉害蟲。黃楊絹野螟雖因保護色而不容易看到，但是用筷子夾牠們的話，會比噴藥更有效。葉蟲、米象、金龜子等，搖一搖樹就會掉下來，牠們會裝死，不要上當，抓住牠們吧。穿孔性害蟲只要把鐵絲插入孔中刺殺即可。另外，穿孔性害蟲在樹木上鑽孔進入時，木屑會向外流出，很容易發現。此時，用五十CC的注射器將五十倍的Syngenta（滲透性農藥）液體倒入孔口，用嚼過的口香糖堵住孔口即可。

除此之外，在防治蟲害方面，秋天翻耕土地也很有效。翻耕土地，是讓在地裡過冬的害蟲凍死的方法，對於像金龜子類、葉蟲等都很有效。另外，也可以設置類似原理的潛伏所。到了秋天，飛蛾的幼蟲為了過冬，會從樹上下來到地面，此時用稻草、草繩、草袋等引誘並包裹住幼蟲，翌年春天打開後燒掉即可。潛伏所最遲要在十月中旬設計好，上面部分寬鬆一點，設置在距地面一公尺左右的地方。只有在三月之前卸下並燒掉才有效果。

病害

樹木染病的原因有如黴菌等生物性病原引起的傳染性疾病，以及因不適當的土壤或氣象條件、有害物質、農具等引起的非傳染性疾病。因為病害大多透過肉眼即可確認，所以最好了解一下可辨別的症狀。

首先是顏色。如果樹木生病了，組織或器官必然會變色。如果變色為斑點型，大部分可以說是病菌造成的損害。但若是因生理性的損害而變色，會呈現出樹木整體變化的特徵。接下來要觀察的是孔洞。病害的樹葉經常出現孔洞，這是因為感染病菌的部位脫落而產生的。此時產生的孔洞與害蟲的危害不同，其大小和形狀固定。

樹木枯萎也是懷疑樹木蒙受病害的特徵之一。樹木一旦枯萎，不只是根莖的病害，也有可能是害蟲的危害或排水不良等問題所造成。此外，唯獨樹木的葉子或樹幹等變小或變大，病害所致的可能性就很大。脆弱的莖葉變成掃帚狀時、莖局部枯死，分泌出水分或黏液、固體物質等，都要懷疑可能是病害。

要想事先預防這些病害，必須注意很多方面。特別是在施肥時，維持均衡至關重要，一般來說，若是過量使用氮肥，容易凍傷或腐壞，病害的發生率也會提高。此外，生病的葉子或莖是病原菌的過冬場所，翌年春天將成為第一次的傳染源，因此，在引發傳染之前，最好先去除。

如果已經發生了病害，就必須治療。治療方法有注入、噴灑或塗抹藥劑，或從根部吸收的內科性療法，以及切除患處並補強該部位的外科性療法。

在內科性療法中，韓國目前是對罹患掃帚病的棗樹樹幹注入土黴素進行治療，治療松樹的葉鏽病則是以噴灑放線菌酮治療，效果良好。

外科性療法是在罹患枯枝病、潰瘍病、軟腐病時實施。雖然手術方法根據受害部位的不同而有所差異，但手術時間最好是在樹木返青之前，原則上都必須要徹底去除患處。已受病菌汙染或腐爛的部分，盡可能先用銳利的工具將其刮除乾淨。之後再用脫脂棉沾取濃度百分之七十的酒精，在手術部位進行數次消毒，再噴灑滲透性殺蟲劑。此時，為了不讓水滲入，必須進行防水處理。一般來說，塗抹植物傷口癒合劑即可。

被手術刀劃破的樹枝或樹幹的樹皮，具有自行治癒的能力，傷口周圍每年形成癒合組織（一年有一公分左右），數年後會覆蓋住傷口面或截斷面，形成相同的樹皮層。樹皮層截斷面或傷口越小越容易治癒，手術時盡可能注意一下。

像樹那樣生活

改變韓國十萬讀者，
從樹木身上學到 35 項堅毅的人生智慧

作者——禹鍾英
譯者——何汲
主編——蔡曉玲
美術設計——王瓊瑤
校對——黃薇霓

發行人——王榮文
出版發行——遠流出版事業股份有限公司
地址——台北市中山北路一段 11 號 13 樓
電話——02-2571-0297
傳真——02-2571-0197
郵撥——0189456-1
著作權顧問——蕭雄淋律師

2022 年 4 月 1 日 初版一刷
2022 年 7 月 26 日 初版二刷
定價——新台幣 420 元
（缺頁或破損的書，請寄回更換）

ISBN —— 978-957-32-9494-8

國家圖書館出版品預行編目 (CIP) 資料

像樹那樣生活：改變韓國十萬讀者，從樹木身上學到 35 項堅毅的人生智慧 / 禹鍾英著；何汲譯. -- 初版. -- 臺北市：遠流出版事業股份有限公司，2022.04
面； 公分
譯自：나는 나무처럼 살고 싶다
ISBN 978-957-32-9494-8(平裝)
1.CST：樹木 2.CST：人生哲學

191.9 111003078

나는 나무처럼 살고 싶다
(I Want to Live Like Trees)

First original Korean edition published by Maven Publishing House, Korea 2021.

Published in agreement with Maven Publishing House c/o Danny Hong Agency, through The Grayhawk Agency.

This book is published with the support of Publication Industry Promotion Agency of Korea (KPIPA).

YLib 遠流博識網
http://www.ylib.com
E-mail: ylib@ylib.com
遠流粉絲團
https://www.facebook.com/ylibfans